I0492071

Ivan Koesjnir

Economie van Joegoslavië

Serie "Economie in landen"

eerst gepubliceerd: 2021
laatst bijgewerkt: 2021-02-02

Ivan Koesjnir. Economie van Joegoslavië. Serie "Economie in landen". - 2021. - 54 pages.

Dit boek over de economie van Joegoslavië van de jaren 1970 tot de jaren 1980. Brongegevens uit UN Data.

Grootte. In de jaren 1980 was het bruto binnenlands product van Joegoslavië gelijk aan US$69,9 miljard per jaar; de waarde van de landbouw was US$8,5 miljard; de waarde van de industrie was US$26,2 miljard. Aangezien het aandeel in de wereld tussen 0,1% en 1% ligt, wordt het land geclassificeerd als een gemiddelde economie.

Productiviteit. In de jaren 1980 bedroeg het bruto binnenlands product per hoofd van de bevolking $3.069,5, de waarde van de landbouw per hoofd $372,1, de waarde van de industrie per hoofd $1.148,8. Omdat de productiviteit tussen het gemiddelde van onder het gemiddelde en het gemiddelde ligt, wordt de economie geclassificeerd als in ontwikkeling.

Groei. In de jaren 1980 bedroeg de groei van het bruto binnenlands product 1,1%; de groei van de landbouw was 0,60%; de groei van de industrie was 4,6%.

Structuur. In de jaren 1980 omvatte de economie van Joegoslavië: industrie (40,6%), diensten (18,7%), landbouw (13,1%), handel (10,7%), vervoer (8,9%) en constructie (8,0%).

Uitvoer en invoer. In de jaren 1980 was de invoer 14,1% hoger dan de uitvoer, de netto-invoer was gelijk aan 3,1% van het BBP.

Serie "Economie in landen": parallel.page.link/nl

ISBN: 9798702639727

Inhoud

Part I. Grootte   4

    Hoofdstuk I. Bruto binnenlands product   5

    Hoofdstuk II. Toegevoegde waarde   8

    Hoofdstuk III. Bruto nationaal inkomen   11

Part II. Structuur   14

    Hoofdstuk IV. Landbouw   15

    Hoofdstuk V. Industrie   18

        Hoofdstuk 5.1. Fabricage   21

    Hoofdstuk VI. Constructie   24

    Hoofdstuk VII. Vervoer   27

    Hoofdstuk VIII. Handel   30

    Hoofdstuk IX. Diensten   33

Part III. Externe betrekkingen   36

    Hoofdstuk X. Uitvoer   37

    Hoofdstuk XI. Invoer   40

Part IV. Verbruik   43

    Hoofdstuk XII. Overheidsuitgaven   44

    Hoofdstuk XIII. Huishoudelijke uitgaven   47

    Hoofdstuk XIV. Voedsel consumptie   50

Part V. Reproductie   51

    Hoofdstuk XV. Bruto-investeringen in vaste activa   52

Part I. Grootte

Hoofdstuk I. Bruto binnenlands product

Het BBP van Joegoslavië steeg van US$33,7 miljard per jaar in de jaren 1970 tot US$69,9 miljard per jaar in de jaren 1980, dat wil zeggen met US$36,2 miljard of 2,1 keer. De verandering vond plaats op US$23,2 miljard als gevolg van een 1,5-voudige stijging van de prijzen, en ook op US$10,2 miljard als gevolg van een 1,3-voudige toename van de productiviteit , evenals op US$2,8 miljard als gevolg van de toename van de bevolking. De gemiddelde jaarlijkse groei van het bruto binnenlands product is 2,7%. De minimumwaarde van het BBP bedroeg US$14,6 miljard in 1970. De maximumwaarde van het BBP bedroeg US$77,3 miljard in 1989.

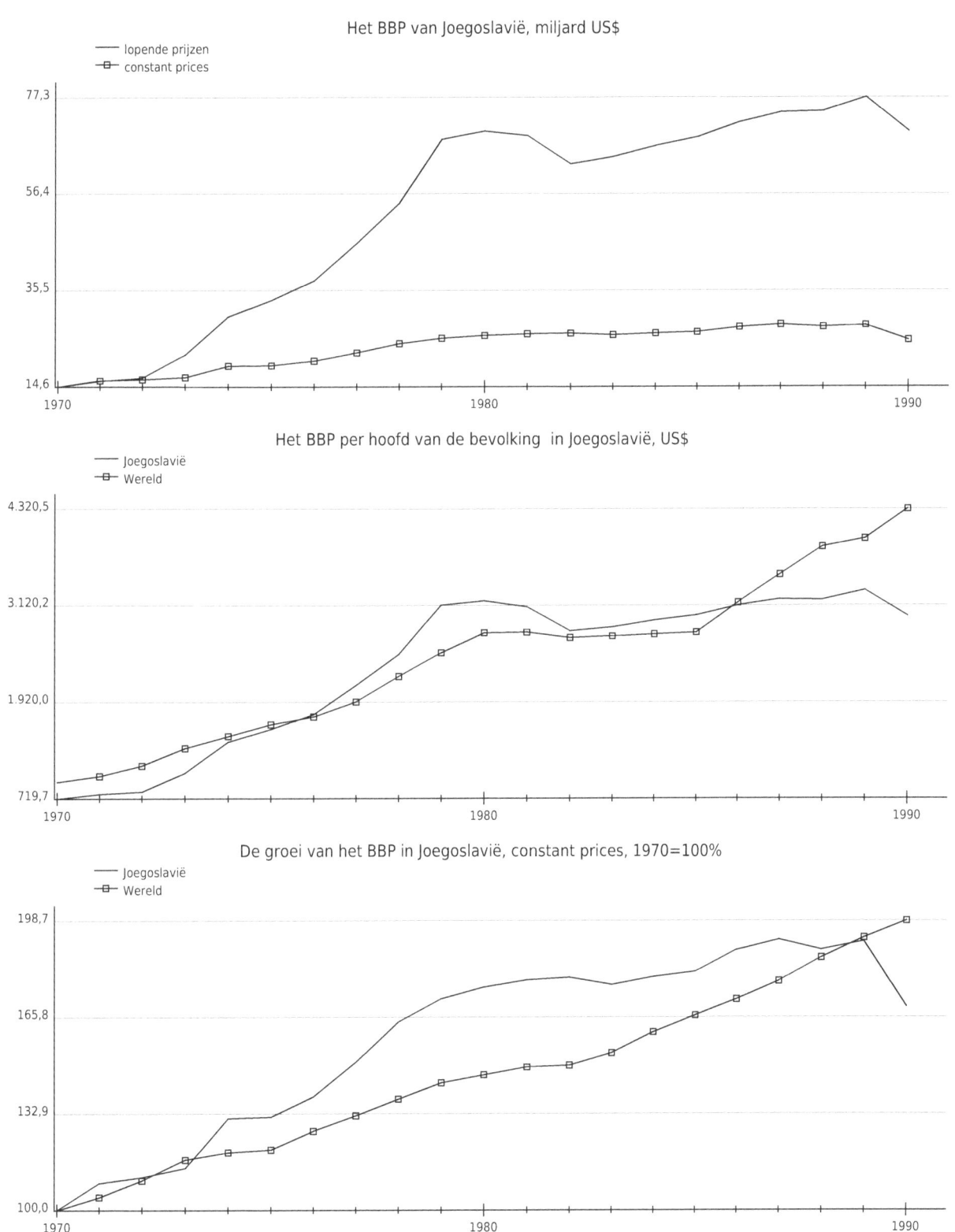

de jaren 1970

Het bruto binnenlands product van Joegoslavië bedroeg in de jaren 1970 US$33,7 miljard per jaar, stond op de 28e plaats in de wereld, en was vergelijkbaar met Indonesië (US$33,7 miljard), de Caraïben (US$33,4 miljard), Oost-Afrika (US$34,1 miljard). Het aandeel in de wereld was 0,52%, en 1,3% in Europa.

Het BBP van Joegoslavië bestond uit: huishoudelijke uitgaven (52,0%), kapitaalvorming (38,1%) en overheidsuitgaven (17,0%).

Het BBP per hoofd in Joegoslavië was $1.604,7 in de jaren 1970s, stond op de 60e plaats in de wereld, en was vergelijkbaar met Mexico (US$1.608,5), de Wereld (US$1.620,8), Malta (US$1.586,4). Het bruto binnenlands product per hoofd in Joegoslavië was 0,99% lager dan het bruto binnenlands product per hoofd van de bevolking in de wereld ($1.620,8), en was in 2,3 keer lager dan het bruto binnenlands product per hoofd van de bevolking in Europa ($1.620,8).

De groei van het BBP in Joegoslavië bedroeg 6.2% in de jaren 1970, stond op de 50e plaats in de wereld, en was vergelijkbaar met Costa Rica (6,2%), Centraal-Amerika (6,2%), Saint Lucia (6,3%). De groei van het BBP in Joegoslavië (6,2%) was groter dan de groei van het bruto binnenlands product in de wereld (4,1%), was groter dan de groei van het bruto binnenlands product in Europa (3,6%).

Vergelijking met buren. Het bruto binnenlands product van Joegoslavië was groter dan in Griekenland (US$28,7 miljard), in Roemenië (US$23,1 miljard), in Hongarije (US$12,7 miljard), in Bulgarije (US$11,5 miljard) en in Albanië (US$2,5 miljard); maar minder dan in Italië (US$217,7 miljard) en in Oostenrijk (US$39,1 miljard). Het BBP per hoofd in Joegoslavië was groter dan in Bulgarije (US$1.321,9), in Hongarije (US$1.209,9), in Roemenië (US$1.074,4) en in Albanië (US$1.058,6); maar minder dan in Oostenrijk (US$5,1 duizend), in Italië (US$4,0 duizend) en in Griekenland (US$3,2 duizend). De groei van het BBP in Joegoslavië was groter dan in Hongarije (5,3%), in Griekenland (5,0%), in Albanië (4,0%), in Italië (3,8%) en in Oostenrijk (3,8%); maar minder dan in Roemenië (10,0%) en in Bulgarije (7,1%).

Vergelijking met leiders. Het BBP van Joegoslavië was minder dan in de Verenigde Staten (US$1,7 biljoen), in de Sovjet-Unie (US$649,4 miljard), in Japan (US$558,0 miljard), in Duitsland (US$484,2 miljard) en in Frankrijk (US$333,2 miljard). Het bruto binnenlands product per hoofd in Joegoslavië was minder dan in de Verenigde Staten (US$7,8 duizend), in Frankrijk (US$6,2 duizend), in Duitsland (US$6,1 duizend), in Japan (US$5,0 duizend) en in de Sovjet-Unie (US$2,6 duizend). De groei van het BBP in Joegoslavië was groter dan in de Sovjet-Unie (4,8%), in Japan (4,6%), in Frankrijk (3,9%), in de Verenigde Staten (3,5%) en in Duitsland (3,1%).

de jaren 1980

Het bruto binnenlands product van Joegoslavië bedroeg in de jaren 1980 US$69,9 miljard per jaar, stond op de 32e plaats in de wereld, en was vergelijkbaar met Finland (US$71,2 miljard), Polen (US$71,2 miljard). Het aandeel in de wereld was 0,46%, en 1,3% in Europa.

Het bruto binnenlands product van Joegoslavië bestond uit: huishoudelijke uitgaven (50,4%), kapitaalvorming (39,6%) en overheidsuitgaven (14,9%).

Het BBP per hoofd in Joegoslavië was $3.069,5 in de jaren 1980s, stond op de 66e plaats in de wereld, en was vergelijkbaar met de Wereld (US$3,1 duizend), Zuid-Korea (US$3,0 duizend), Palau (US$3,1 duizend). Het bruto binnenlands product per hoofd in Joegoslavië was 1,7% lager dan het bruto binnenlands product per hoofd van de bevolking in de wereld ($3.123,4), en was in 2,3 keer lager dan het bruto binnenlands product per hoofd van de bevolking in Europa ($3.123,4).

De groei van het bruto binnenlands product in Joegoslavië bedroeg 1.1% in de jaren 1980, stond op de 146e plaats in de wereld. De groei van het bruto binnenlands product in Joegoslavië (1,1%) was minder dan de groei van het BBP in de wereld (3,0%), was minder dan de groei van het BBP in Europa (2,5%).

Vergelijking met buren. Het BBP van Joegoslavië was 19,2% groter dan in Griekenland (US$58,6 miljard), 37,3% groter dan in Roemenië (US$50,9 miljard), 2,6 keer groter dan in Hongarije (US$27,2 miljard), 4,3 keer groter dan in Bulgarije (US$16,4 miljard) en 29,5 keer groter dan in Albanië (US$2,4 miljard); maar 8,5 keer minder dan in Italië (US$593,5 miljard) en 24,3% minder dan in Oostenrijk (US$92,3 miljard). Het BBP per hoofd in Joegoslavië was 19,7% groter dan in Hongarije (US$2,6 duizend), 38,9% groter dan in Roemenië (US$2,2 duizend), 67,5% groter dan in Bulgarije (US$1.832,4) en 3,8 keer groter dan in Albanië (US$802,5); maar 3,9 keer minder dan in Oostenrijk (US$12,1 duizend), 3,4 keer minder dan in Italië (US$10,4 duizend) en 48,1% minder dan in Griekenland (US$5,9 duizend). De groei van het BBP in Joegoslavië was groter dan in Griekenland (0,75%); maar minder dan in Bulgarije (4,0%), in Albanië (2,6%), in Italië (2,5%), in Oostenrijk (2,0%), in Roemenië (1,7%) en in Hongarije (1,5%).

Vergelijking met leiders. Het bruto binnenlands product van Joegoslavië was 59,7 keer minder dan in de Verenigde Staten (US$4,2 biljoen), 26,0 keer minder dan in Japan (US$1,8 biljoen), 14,2 keer minder dan in Duitsland (US$990,0 miljard), 12,7 keer minder dan in de Sovjet-Unie (US$887,0 miljard) en 10,4 keer minder dan in Frankrijk (US$729,5 miljard). Het bruto binnenlands product per hoofd in Joegoslavië was 5,7 keer minder dan in de Verenigde Staten (US$17,4 duizend), 4,9 keer minder dan in Japan (US$15,0 duizend), 4,2 keer minder dan in Frankrijk (US$12,9 duizend), 4,1 keer minder dan in Duitsland (US$12,7 duizend) en 4,8% minder dan in de Sovjet-Unie (US$3,2 duizend). De groei van het bruto binnenlands product in Joegoslavië was minder dan in de Sovjet-Unie (4,3%), in Japan (4,3%), in de Verenigde Staten (3,1%), in Frankrijk (2,3%) en in Duitsland (1,9%).

Hoofdstuk II. Toegevoegde waarde

De toegevoegde waarde van Joegoslavië steeg van US$30,7 miljard per jaar in de jaren 1970 tot US$64,5 miljard per jaar in de jaren 1980, dat wil zeggen met US$33,8 miljard of 2,1 keer. De verandering vond plaats op US$21,5 miljard als gevolg van een 1,5-voudige stijging van de prijzen, en ook op US$9,7 miljard als gevolg van een 1,3-voudige toename van de productiviteit , evenals op US$2,6 miljard als gevolg van de toename van de bevolking. De gemiddelde jaarlijkse groei van de toegevoegde waarde is 2,2%. De minimumwaarde van de toegevoegde waarde bedroeg US$13,4 miljard in 1970. De maximumwaarde van de toegevoegde waarde bedroeg US$73,8 miljard in 1989.

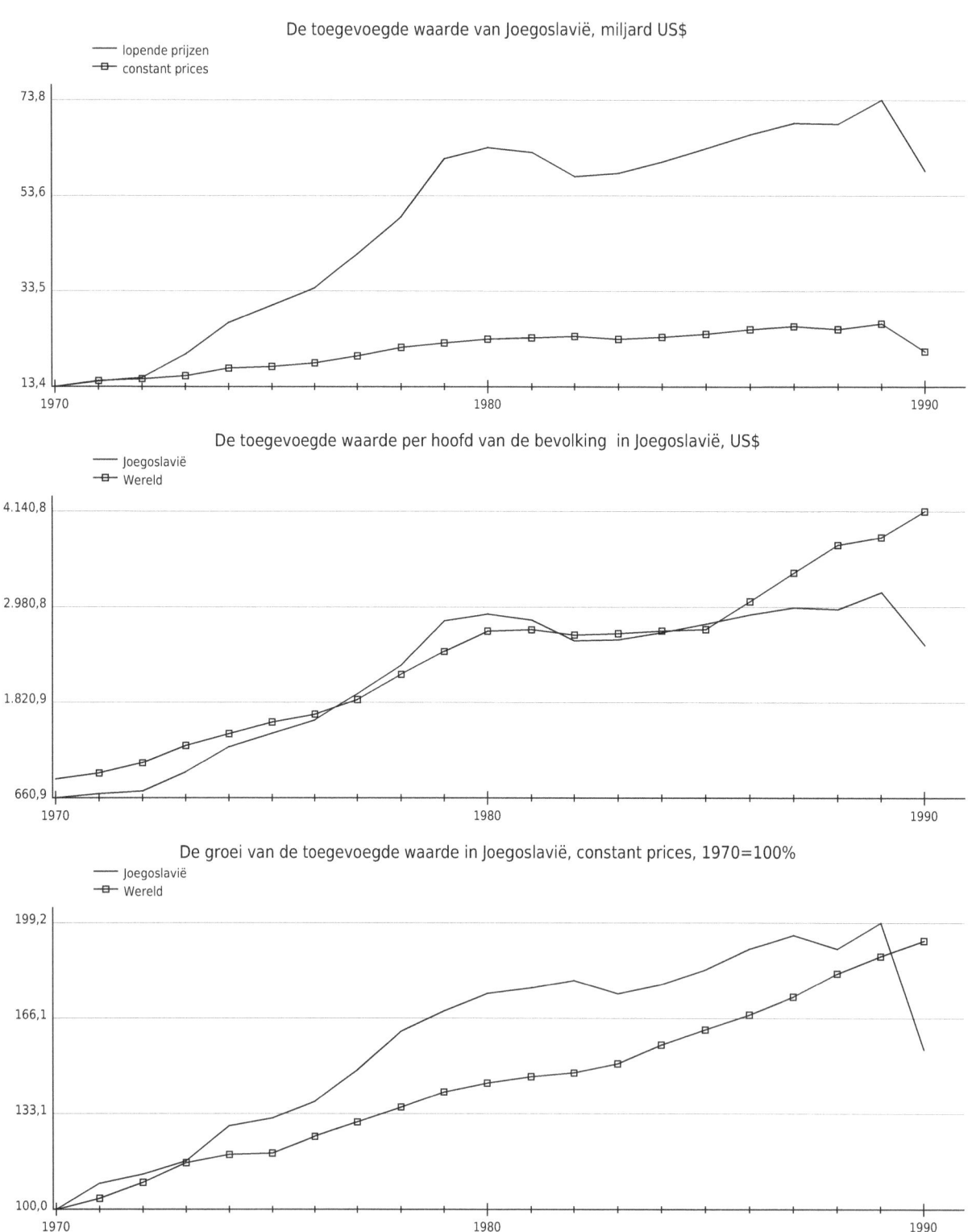

de jaren 1970

De toegevoegde waarde van Joegoslavië bedroeg in de jaren 1970 US$30,7 miljard per jaar, stond op de 30e plaats in de wereld. Het aandeel in de wereld was 0,49%, en 1,2% in Europa.

De totale toegevoegde waarde van Joegoslavië bestond uit: industrie (34,5%), diensten (19,8%), landbouw (14,9%), handel (12,1%), bouw (10,6%) en transport (8,1%).

De toegevoegde waarde per hoofd in Joegoslavië was $1.459,8 in de jaren 1970s, stond op de 62e plaats in de wereld, en was vergelijkbaar met Malta (US$1.474,5), Polen (US$1.436,5). De toegevoegde waarde per hoofd in Joegoslavië was 6,7% lager dan de toegevoegde waarde per hoofd van de bevolking in de wereld ($1.564,4), en was in 2,4 keer lager dan de toegevoegde waarde per hoofd van de bevolking in Europa ($1.564,4).

De groei van de toegevoegde waarde in Joegoslavië bedroeg 6% in de jaren 1970, stond op de 56e plaats in de wereld, en was vergelijkbaar met de Britse Maagdeneilanden (5,9%), Zuid-Amerika (6,0%), Polen (6,0%). De groei van de toegevoegde waarde in Joegoslavië (6,0%) was groter dan de groei van de toegevoegde waarde in de wereld (3,9%), was groter dan de groei van de toegevoegde waarde in Europa (3,4%).

Vergelijking met buren. De toegevoegde waarde van Joegoslavië was groter dan in Griekenland (US$29,1 miljard), in Roemenië (US$22,0 miljard), in Hongarije (US$12,2 miljard), in Bulgarije (US$11,3 miljard) en in Albanië (US$2,6 miljard); maar minder dan in Italië (US$204,0 miljard) en in Oostenrijk (US$34,9 miljard). De toegevoegde waarde per hoofd in Joegoslavië was groter dan in Bulgarije (US$1.294,4), in Hongarije (US$1.158,2), in Albanië (US$1.096,0) en in Roemenië (US$1.023,3); maar minder dan in Oostenrijk (US$4,6 duizend), in Italië (US$3,7 duizend) en in Griekenland (US$3,2 duizend). De groei van de toegevoegde waarde in Joegoslavië was groter dan in Hongarije (5,6%), in Griekenland (5,5%), in Albanië (4,0%), in Oostenrijk (4,0%) en in Italië (3,5%); maar minder dan in Roemenië (9,8%) en in Bulgarije (7,1%).

Vergelijking met leiders. De toegevoegde waarde van Joegoslavië was minder dan in de Verenigde Staten (US$1,7 biljoen), in de Sovjet-Unie (US$649,4 miljard), in Japan (US$545,3 miljard), in Duitsland (US$444,9 miljard) en in Frankrijk (US$297,3 miljard). De toegevoegde waarde per hoofd in Joegoslavië was minder dan in de Verenigde Staten (US$7,8 duizend), in Duitsland (US$5,7 duizend), in Frankrijk (US$5,5 duizend), in Japan (US$4,9 duizend) en in de Sovjet-Unie (US$2,6 duizend). De groei van de toegevoegde waarde in Joegoslavië was groter dan in Japan (4,9%), in de Sovjet-Unie (4,8%), in Frankrijk (3,7%), in Duitsland (3,1%) en in de Verenigde Staten (2,9%).

de jaren 1980

De toegevoegde waarde van Joegoslavië bedroeg in de jaren 1980 US$64,5 miljard per jaar, stond op de 31e plaats in de wereld, en was vergelijkbaar met Venezuela (US$63,1 miljard). Het aandeel in de wereld was 0,44%, en 1,3% in Europa.

De totale toegevoegde waarde van Joegoslavië bestond uit: industrie (40,6%), diensten (18,7%), landbouw (13,1%), handel (10,7%), vervoer (8,9%) en constructie (8,0%).

De toegevoegde waarde per hoofd in Joegoslavië was $2.831,3 in de jaren 1980s, stond op de 66e plaats in de wereld. De toegevoegde waarde per hoofd in Joegoslavië was 6,6% lager dan de toegevoegde waarde per hoofd van de bevolking in de wereld ($3.029,9), en was in 2,3 keer lager dan de toegevoegde waarde per hoofd van de bevolking in Europa ($3.029,9).

De groei van de toegevoegde waarde in Joegoslavië bedroeg 1.7% in de jaren 1980, stond op de 140e plaats in de wereld. De groei van de toegevoegde waarde in Joegoslavië (1,7%) was minder dan de groei van de toegevoegde waarde in de wereld (2,9%), was minder dan de groei van de toegevoegde waarde in Europa (2,6%).

Vergelijking met buren. De toegevoegde waarde van Joegoslavië was 12,6% groter dan in Griekenland (US$57,3 miljard), 40,6% groter dan in Roemenië (US$45,8 miljard), 2,7 keer groter dan in Hongarije (US$23,9 miljard), 4,0 keer groter dan in Bulgarije (US$16,1 miljard) en 26,2 keer groter dan in Albanië (US$2,5 miljard); maar 8,6 keer minder dan in Italië (US$554,1 miljard) en 21,1% minder dan in Oostenrijk (US$81,8 miljard). De toegevoegde waarde per hoofd in Joegoslavië was 25,6% groter dan in Hongarije (US$2,3 duizend), 42,3% groter dan in Roemenië (US$1.989,3), 57,3% groter dan in Bulgarije (US$1.799,5) en 3,4 keer groter dan in Albanië (US$831,6); maar 3,8 keer minder dan in Oostenrijk (US$10,7 duizend), 3,4 keer minder dan in Italië (US$9,8 duizend) en 2,0 keer minder dan in Griekenland (US$5,8 duizend). De groei van de toegevoegde waarde in Joegoslavië was groter dan in Roemenië (0,93%); maar minder dan in Bulgarije (4,4%), in Italië (2,7%), in Albanië (2,6%), in Hongarije (2,6%), in Oostenrijk (2,0%) en in Griekenland

(2,0%).

Vergelijking met leiders. De toegevoegde waarde van Joegoslavië was 64,8 keer minder dan in de Verenigde Staten (US$4,2 biljoen), 27,9 keer minder dan in Japan (US$1,8 biljoen), 14,1 keer minder dan in Duitsland (US$907,0 miljard), 13,8 keer minder dan in de Sovjet-Unie (US$887,0 miljard) en 10,1 keer minder dan in Frankrijk (US$650,9 miljard). De toegevoegde waarde per hoofd in Joegoslavië was 6,2 keer minder dan in de Verenigde Staten (US$17,4 duizend), 5,2 keer minder dan in Japan (US$14,8 duizend), 4,1 keer minder dan in Duitsland (US$11,6 duizend), 4,1 keer minder dan in Frankrijk (US$11,5 duizend) en 12,2% minder dan in de Sovjet-Unie (US$3,2 duizend). De groei van de toegevoegde waarde in Joegoslavië was minder dan in de Sovjet-Unie (4,3%), in Japan (4,2%), in de Verenigde Staten (2,8%), in Frankrijk (2,2%) en in Duitsland (2,0%).

Hoofdstuk III. Bruto nationaal inkomen

Het BNI van Joegoslavië steeg van US$35,4 miljard per jaar in de jaren 1970 tot US$72,7 miljard per jaar in de jaren 1980, dat wil zeggen met US$37,3 miljard of 2,1 keer. De verandering vond plaats op US$24,2 miljard als gevolg van een 1,5-voudige stijging van de prijzen, en ook op US$10,2 miljard als gevolg van een 1,3-voudige toename van de productiviteit , evenals op US$3,0 miljard als gevolg van de toename van de bevolking. De gemiddelde jaarlijkse groei van het bruto nationaal inkomen is 3,0%. De minimumwaarde van het BNI bedroeg US$14,9 miljard in 1970. De maximumwaarde van het BNI bedroeg US$82,6 miljard in 1989.

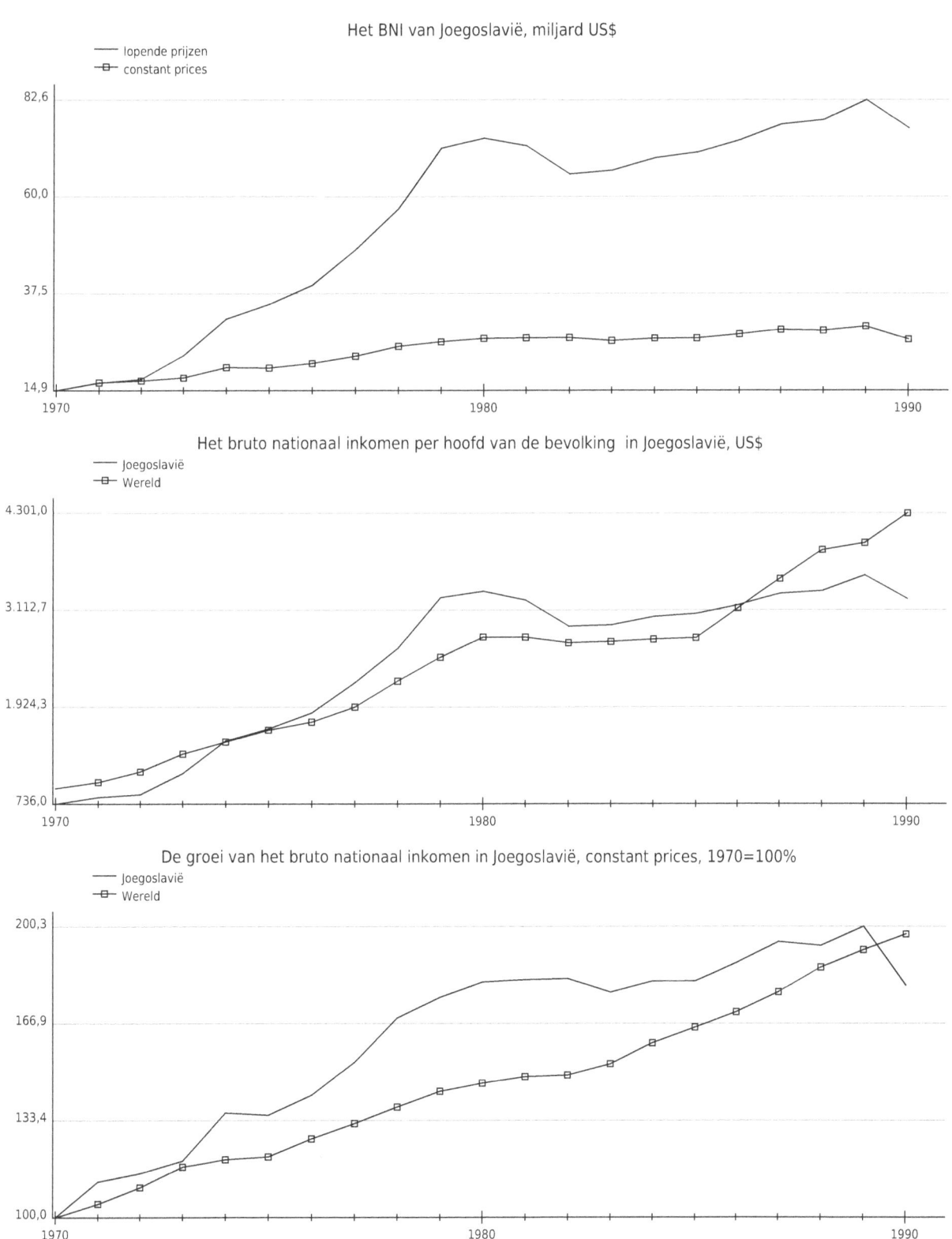

de jaren 1970

Het BNI van Joegoslavië bedroeg in de jaren 1970 US$35,4 miljard per jaar, stond op de 27e plaats in de wereld, en was vergelijkbaar met Zuidelijk Afrika (US$34,9 miljard). Het aandeel in de wereld was 0,54%, en 1,3% in Europa.

Het BNI per hoofd in Joegoslavië was $1.685,0 in de jaren 1970s, stond op de 60e plaats in de wereld, en was vergelijkbaar met Malta (US$1.691,2). Het bruto nationaal inkomen per hoofd in Joegoslavië was 3,7% hoger dan het bruto nationaal inkomen per hoofd van de bevolking in de wereld ($1.624,3), en was in 2,2 keer lager dan het bruto nationaal inkomen per hoofd van de bevolking in Europa ($1.624,3).

De groei van het bruto nationaal inkomen in Joegoslavië bedroeg 6.5% in de jaren 1970, stond op de 45e plaats in de wereld, en was vergelijkbaar met Myanmar (6,4%), Saint Lucia (6,4%), Ivoorkust (6,5%). De groei van het bruto nationaal inkomen in Joegoslavië (6,5%) was groter dan de groei van het BNI in de wereld (4,1%), was groter dan de groei van het BNI in Europa (3,6%).

Vergelijking met buren. Het bruto nationaal inkomen van Joegoslavië was groter dan in Griekenland (US$29,4 miljard), in Roemenië (US$23,2 miljard), in Hongarije (US$12,6 miljard), in Bulgarije (US$11,4 miljard) en in Albanië (US$2,5 miljard); maar minder dan in Italië (US$218,7 miljard) en in Oostenrijk (US$39,2 miljard). Het BNI per hoofd in Joegoslavië was groter dan in Bulgarije (US$1.308,6), in Hongarije (US$1.193,5), in Roemenië (US$1.076,4) en in Albanië (US$1.059,4); maar minder dan in Oostenrijk (US$5,2 duizend), in Italië (US$4,0 duizend) en in Griekenland (US$3,3 duizend). De groei van het BNI in Joegoslavië was groter dan in Hongarije (5,2%), in Griekenland (5,2%), in Albanië (4,0%), in Italië (3,8%) en in Oostenrijk (3,8%); maar minder dan in Roemenië (10,0%) en in Bulgarije (7,1%).

Vergelijking met leiders. Het bruto nationaal inkomen van Joegoslavië was minder dan in de Verenigde Staten (US$1,7 biljoen), in de Sovjet-Unie (US$649,4 miljard), in Japan (US$558,5 miljard), in Duitsland (US$486,2 miljard) en in Frankrijk (US$334,3 miljard). Het bruto nationaal inkomen per hoofd in Joegoslavië was minder dan in de Verenigde Staten (US$7,8 duizend), in Frankrijk (US$6,2 duizend), in Duitsland (US$6,2 duizend), in Japan (US$5,0 duizend) en in de Sovjet-Unie (US$2,6 duizend). De groei van het bruto nationaal inkomen in Joegoslavië was groter dan in de Sovjet-Unie (4,8%), in Japan (4,7%), in Frankrijk (3,9%), in de Verenigde Staten (3,5%) en in Duitsland (3,0%).

de jaren 1980

Het BNI van Joegoslavië bedroeg in de jaren 1980 US$72,7 miljard per jaar, stond op de 30e plaats in de wereld, en was vergelijkbaar met Noorwegen (US$73,9 miljard). Het aandeel in de wereld was 0,48%, en 1,3% in Europa.

Het BNI per hoofd in Joegoslavië was $3.191,8 in de jaren 1980s, stond op de 64e plaats in de wereld, en was vergelijkbaar met Argentinië (US$3,2 duizend), de Sovjet-Unie (US$3,2 duizend), de Wereld (US$3,1 duizend). Het bruto nationaal inkomen per hoofd in Joegoslavië was 2,4% hoger dan het bruto nationaal inkomen per hoofd van de bevolking in de wereld ($3.117,1), en was in 2,2 keer lager dan het bruto nationaal inkomen per hoofd van de bevolking in Europa ($3.117,1).

De groei van het bruto nationaal inkomen in Joegoslavië bedroeg 1.3% in de jaren 1980, stond op de 141e plaats in de wereld, en was vergelijkbaar met Malawi (1,3%). De groei van het BNI in Joegoslavië (1,3%) was minder dan de groei van het BNI in de wereld (3,0%), was minder dan de groei van het BNI in Europa (2,4%).

Vergelijking met buren. Het BNI van Joegoslavië was 22,2% groter dan in Griekenland (US$59,5 miljard), 42,5% groter dan in Roemenië (US$51,0 miljard), 2,8 keer groter dan in Hongarije (US$26,1 miljard), 4,5 keer groter dan in Bulgarije (US$16,2 miljard) en 30,6 keer groter dan in Albanië (US$2,4 miljard); maar 8,1 keer minder dan in Italië (US$592,1 miljard) en 21,4% minder dan in Oostenrijk (US$92,5 miljard). Het bruto nationaal inkomen per hoofd in Joegoslavië was 29,5% groter dan in Hongarije (US$2,5 duizend), 44,2% groter dan in Roemenië (US$2,2 duizend), 76,3% groter dan in Bulgarije (US$1.810,7) en 4,0 keer groter dan in Albanië (US$802,9); maar 3,8 keer minder dan in Oostenrijk (US$12,1 duizend), 3,3 keer minder dan in Italië (US$10,4 duizend) en 46,8% minder dan in Griekenland (US$6,0 duizend). De groei van het BNI in Joegoslavië was groter dan in Hongarije (1,2%) en in Griekenland (0,59%); maar minder dan in Bulgarije (3,8%), in Albanië (2,6%), in Italië (2,4%), in Oostenrijk (2,0%) en in Roemenië (1,7%).

Vergelijking met leiders. Het BNI van Joegoslavië was 57,2 keer minder dan in de Verenigde Staten (US$4,2 biljoen), 25,1 keer minder dan in Japan (US$1,8 biljoen), 13,7 keer minder dan in Duitsland (US$996,5 miljard), 12,2 keer minder dan in de Sovjet-Unie (US$887,0 miljard) en 10,1 keer minder dan in Frankrijk (US$732,1 miljard). Het bruto nationaal inkomen per hoofd in Joegoslavië was 5,4 keer minder dan in de Verenigde Staten (US$17,4 duizend), 4,7 keer minder dan in Japan (US$15,0 duizend), 4,1 keer minder dan in Frankrijk (US$13,0 duizend), 4,0 keer minder dan in Duitsland (US$12,8 duizend) en 0,97% minder dan in de Sovjet-Unie (US$3,2 duizend). De groei van het bruto nationaal inkomen in Joegoslavië was minder dan in Japan (4,4%), in de Sovjet-Unie (4,3%), in de Verenigde Staten (3,1%), in Frankrijk (2,3%) en in Duitsland (2,0%).

Part II. Structuur

Hoofdstuk IV. Landbouw

Landbouw, jacht, bosbouw, vissen (ISIC A-B)

De landbouw van Joegoslavië steeg van US$4,6 miljard per jaar in de jaren 1970 tot US$8,5 miljard per jaar in de jaren 1980, dat wil zeggen met US$3,9 miljard of 85,0%. De verandering vond plaats op US$3,0 miljard als gevolg van een 1,6-voudige stijging van de prijzen, en ook op US$473,2 miljoen als gevolg van een 1,1-voudige toename van de productiviteit , evenals op US$385,6 miljoen als gevolg van de toename van de bevolking. De gemiddelde jaarlijkse groei van de landbouw is 0,60%. De minimumwaarde van de landbouw bedroeg US$2,4 miljard in 1970. De maximumwaarde van de landbouw bedroeg US$9,3 miljard in 1983.

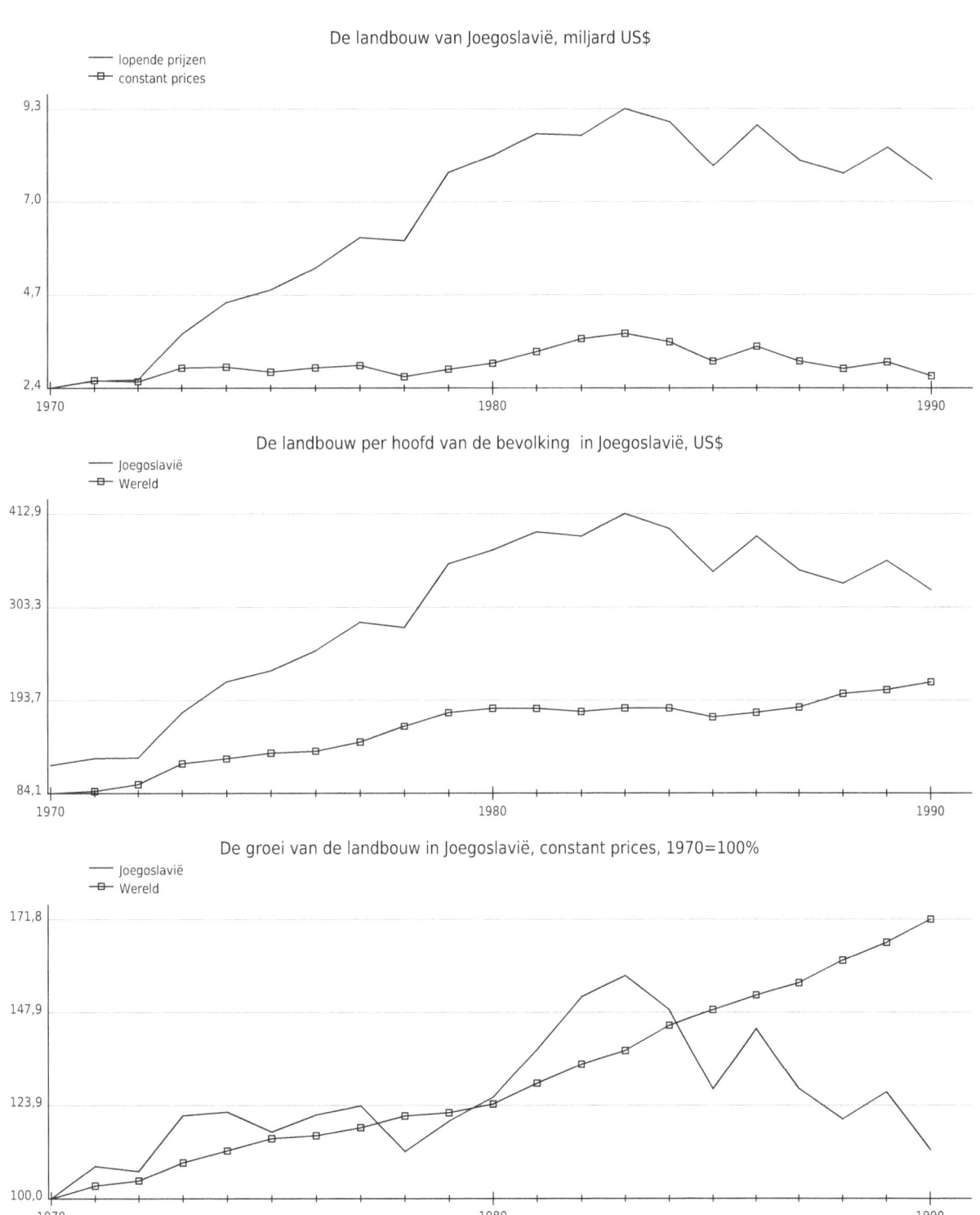

De landbouw van Joegoslavië, miljard US$

De landbouw per hoofd van de bevolking in Joegoslavië, US$

De groei van de landbouw in Joegoslavië, constant prices, 1970=100%

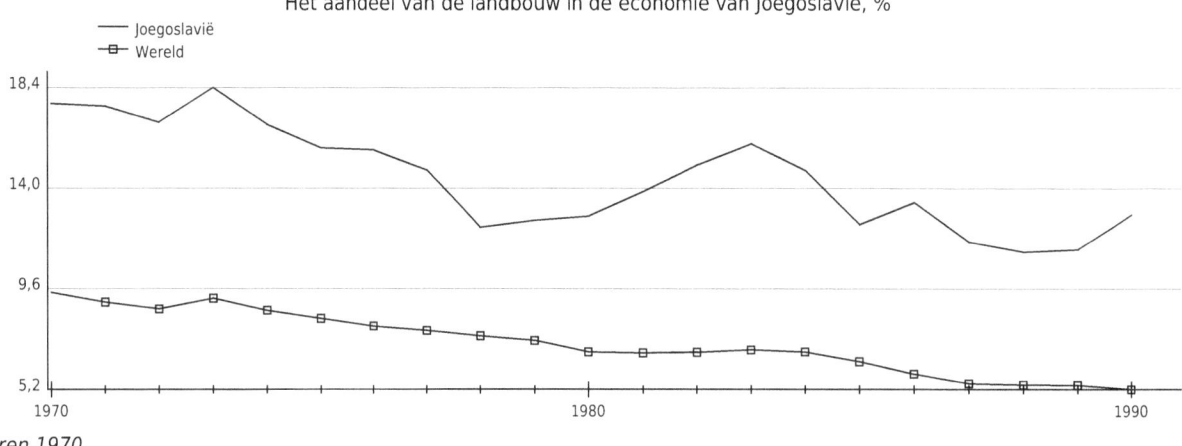

Het aandeel van de landbouw in de economie van Joegoslavië, %

de jaren 1970

De sector van de landbouw in Joegoslavië bedroeg in de jaren 1970 US$4,6 miljard per jaar, stond op de 22e plaats in de wereld. Het aandeel in de wereld was 0,89%, en 2,4% in Europa.

Het aandeel van de landbouw in de economie van Joegoslavië was 14,9% in de jaren 1970, stond op de 97e plaats in de wereld, en was vergelijkbaar met Roemenië (14,9%), de Dominicaanse Republiek (15,0%), Equatoriaal-Guinea (15,1%).

De sector van de landbouw per hoofd in Joegoslavië was $218,1 in de jaren 1970s, stond op de 34e plaats in de wereld, en was vergelijkbaar met Bulgarije (US$217,0), Uruguay (US$215,9), Nigeria (US$215,8). De sector van de landbouw per hoofd in Joegoslavië was 70,8% hoger dan de landbouw per hoofd van de bevolking in de wereld ($127,6), en was 18,7% lager dan de landbouw per hoofd van de bevolking in Europa ($127,6).

De groei van de landbouw in Joegoslavië bedroeg 2% in de jaren 1970, stond op de 110e plaats in de wereld, en was vergelijkbaar met Oost-Afrika (2,0%). De groei van de landbouw in Joegoslavië (2,0%) was minder dan de groei van de landbouw in de wereld (2,2%), was minder dan de groei van de landbouw in Europa (3,3%).

Vergelijking met buren. De toegevoegde waarde van de landbouw in Joegoslavië was groter dan in Roemenië (US$3,3 miljard), in Griekenland (US$3,0 miljard), in Oostenrijk (US$2,0 miljard), in Hongarije (US$1,9 miljard), in Bulgarije (US$1,9 miljard) en in Albanië (US$963,9 miljoen); maar minder dan in Italië (US$14,6 miljard). De toegevoegde waarde van de landbouw per hoofd in Joegoslavië was groter dan in Bulgarije (US$217,0), in Hongarije (US$182,8) en in Roemenië (US$152,4); maar minder dan in Albanië (US$403,8), in Griekenland (US$335,6), in Italië (US$265,7) en in Oostenrijk (US$257,0). De groei van de landbouw in Joegoslavië was groter dan in Oostenrijk (1,5%), in Griekenland (1,5%) en in Italië (0,13%); maar minder dan in Bulgarije (6,8%), in Roemenië (5,8%), in Albanië (3,9%) en in Hongarije (3,0%).

Vergelijking met leiders. De waarde van de landbouw in Joegoslavië was minder dan in de Sovjet-Unie (US$88,7 miljard), in China (US$49,5 miljard), in de Verenigde Staten (US$42,6 miljard), in India (US$36,0 miljard) en in Japan (US$25,8 miljard). De toegevoegde waarde van de landbouw per hoofd in Joegoslavië was groter dan in de Verenigde Staten (US$195,0), in India (US$58,3) en in China (US$54,2); maar minder dan in de Sovjet-Unie (US$351,8) en in Japan (US$231,3). De groei van de landbouw in Joegoslavië was groter dan in Japan (0,52%), in de Verenigde Staten (0,34%) en in India (0,30%); maar minder dan in de Sovjet-Unie (7,0%) en in China (2,4%).

de jaren 1980

De sector van de landbouw in Joegoslavië bedroeg in de jaren 1980 US$8,5 miljard per jaar, stond op de 22e plaats in de wereld, en was vergelijkbaar met Thailand (US$8,3 miljard). Het aandeel in de wereld was 0,94%, en 2,9% in Europa.

Het aandeel van de landbouw in de economie van Joegoslavië was 13,1% in de jaren 1980, stond op de 97e plaats in de wereld, en was vergelijkbaar met Portugal (13,1%), Palestina (13,2%).

De sector van de landbouw per hoofd in Joegoslavië was $372,1 in de jaren 1980s, stond op de 26e plaats in de wereld, en was vergelijkbaar met Hongarije (US$364,9). De toegevoegde waarde van de landbouw per hoofd in Joegoslavië was 99,4% hoger dan de landbouw per hoofd van de bevolking in de wereld ($186,6), en was 3,7% lager dan de landbouw per hoofd van de bevolking in Europa ($186,6).

De groei van de landbouw in Joegoslavië bedroeg 0.6% in de jaren 1980, stond op de 142e plaats in de wereld, en was vergelijkbaar met Rwanda (0,60%). De groei van de landbouw in Joegoslavië (0,60%) was minder dan de groei van de landbouw in de wereld (3,1%), was minder dan de groei van de landbouw in Europa (2,1%).

Vergelijking met buren. De waarde van de landbouw in Joegoslavië was 21,8% groter dan in Roemenië (US$7,0 miljard), 48,7% groter dan in Griekenland (US$5,7 miljard), 2,2 keer groter dan in Hongarije (US$3,9 miljard), 2,7 keer groter dan in Oostenrijk (US$3,1 miljard), 3,7 keer groter dan in Bulgarije (US$2,3 miljard) en 9,3 keer groter dan in Albanië (US$909,4 miljoen); maar 3,0 keer minder dan in Italië (US$25,8 miljard). De toegevoegde waarde van de landbouw per hoofd in Joegoslavië was 2,0% groter dan in Hongarije (US$364,9), 20,9% groter dan in Albanië (US$307,7), 23,2% groter dan in Roemenië (US$301,9) en 44,8% groter dan in Bulgarije (US$257,0); maar 35,2% minder dan in Griekenland (US$574,4), 17,9% minder dan in Italië (US$453,3) en 9,3% minder dan in Oostenrijk (US$410,2). De groei van de landbouw in Joegoslavië was groter dan in Oostenrijk (-0,28%), in Bulgarije (-0,30%) en in Roemenië (-0,49%); maar minder dan in Hongarije (2,7%), in Albanië (2,5%), in Italië (1,9%) en in Griekenland (1,7%).

Vergelijking met leiders. De toegevoegde waarde van de landbouw in Joegoslavië was 14,8 keer minder dan in de Sovjet-Unie (US$125,8 miljard), 11,2 keer minder dan in China (US$94,9 miljard), 8,3 keer minder dan in India (US$70,4 miljard), 8,1 keer minder dan in de Verenigde Staten (US$68,7 miljard) en 5,9 keer minder dan in Japan (US$49,7 miljard). De waarde van de landbouw per hoofd in Joegoslavië was 29,7% groter dan in de Verenigde Staten (US$286,8), 4,1 keer groter dan in India (US$90,7) en 4,2 keer groter dan in China (US$88,5); maar 18,6% minder dan in de Sovjet-Unie (US$457,2) en 9,2% minder dan in Japan (US$410,0). De groei van de landbouw in Joegoslavië was groter dan in Japan (0,41%); maar minder dan in China (5,3%), in India (4,4%), in de Verenigde Staten (3,7%) en in de Sovjet-Unie (2,8%).

Hoofdstuk V. Industrie

Mijnbouw, productie, nutsbedrijven (ISIC C-E)

De industrie van Joegoslavië steeg van US$10,6 miljard per jaar in de jaren 1970 tot US$26,2 miljard per jaar in de jaren 1980, dat wil zeggen met US$15,6 miljard of 2,5 keer. De verandering vond plaats op US$8,7 miljard als gevolg van een 1,5-voudige stijging van de prijzen, en ook op US$5,9 miljard als gevolg van een 1,5-voudige toename van de productiviteit , evenals op US$891,2 miljoen als gevolg van de toename van de bevolking. De gemiddelde jaarlijkse groei van de industrie is 2,4%. De minimumwaarde van de industrie bedroeg US$4,6 miljard in 1970. De maximumwaarde van de industrie bedroeg US$33,6 miljard in 1989.

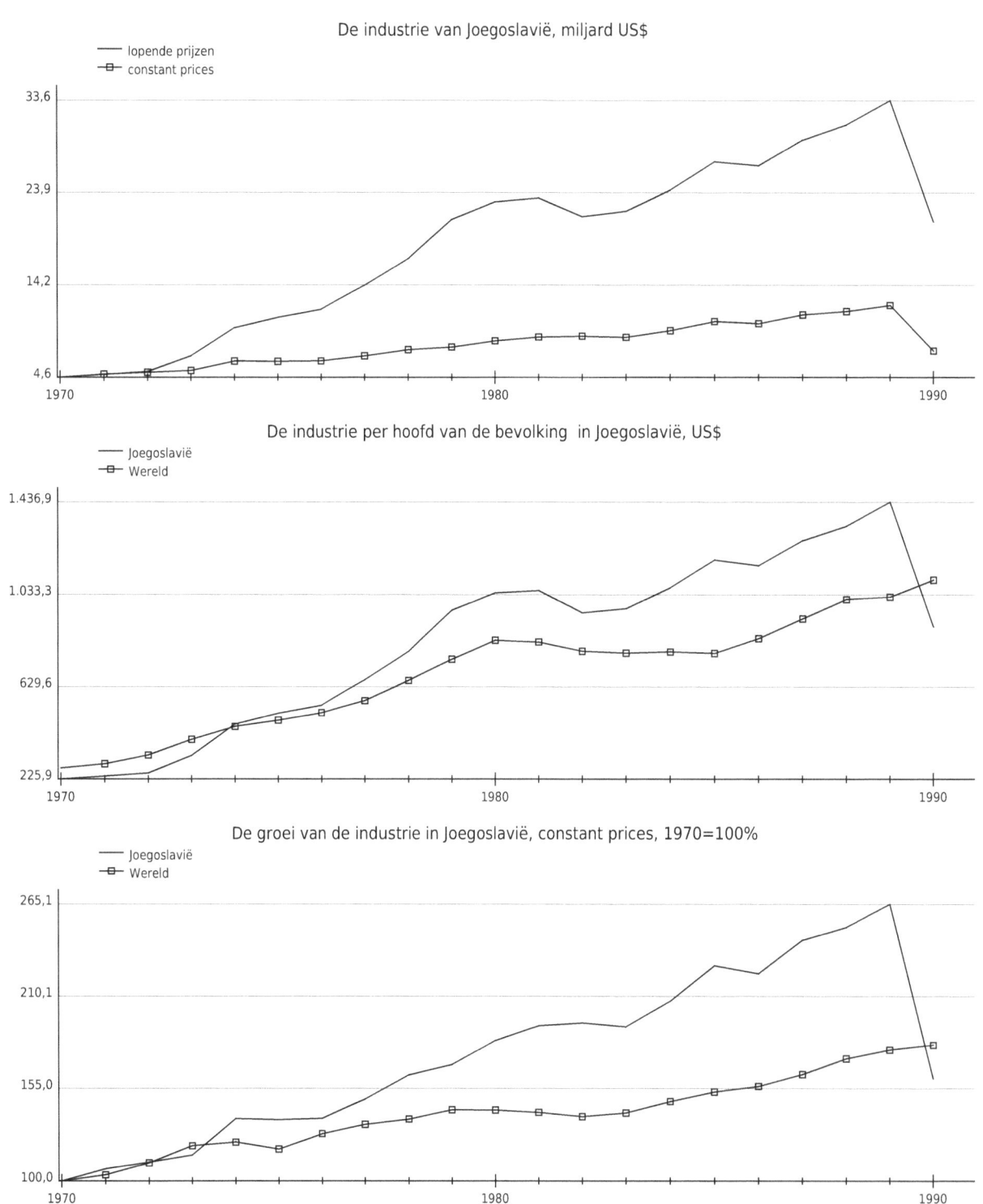

De industrie van Joegoslavië, miljard US$

De industrie per hoofd van de bevolking in Joegoslavië, US$

De groei van de industrie in Joegoslavië, constant prices, 1970=100%

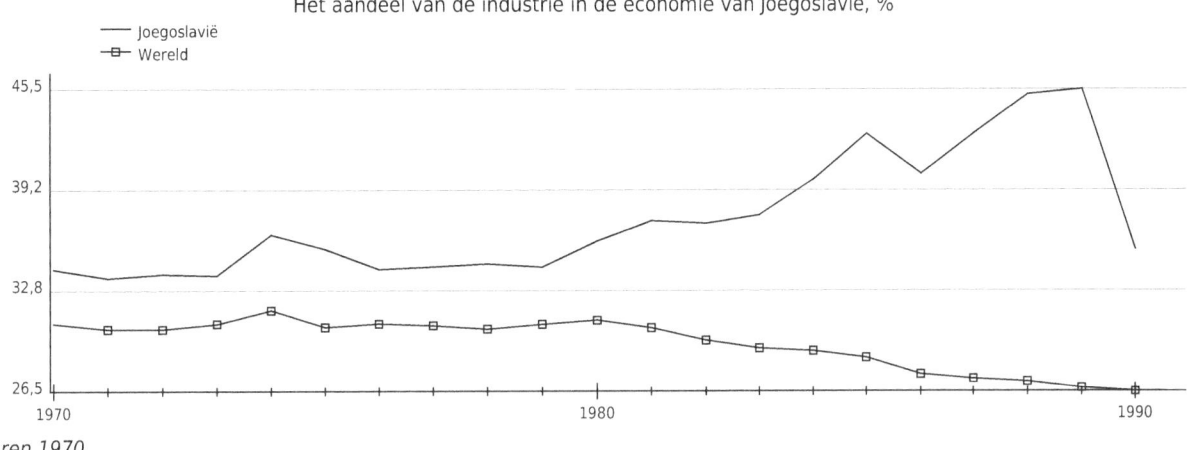

Het aandeel van de industrie in de economie van Joegoslavië, %

── Joegoslavië
─□─ Wereld

de jaren 1970

De industrie van Joegoslavië bedroeg in de jaren 1970 US$10,6 miljard per jaar, stond op de 29e plaats in de wereld, en was vergelijkbaar met Roemenië (US$10,8 miljard), Oostenrijk (US$10,8 miljard). Het aandeel in de wereld was 0,55%, en 1,3% in Europa.

Het aandeel van de industrie in de economie van Joegoslavië was 34,5% in de jaren 1970, stond op de 34e plaats in de wereld, en was vergelijkbaar met Luxemburg (34,3%), Azië (34,2%).

De sector van de industrie per hoofd in Joegoslavië was $504,0 in de jaren 1970s, stond op de 48e plaats in de wereld, en was vergelijkbaar met Roemenië (US$501,1), Suriname (US$494,2). De industrie per hoofd in Joegoslavië was 4,9% hoger dan de industrie per hoofd van de bevolking in de wereld ($480,5), en was in 2,2 keer lager dan de industrie per hoofd van de bevolking in Europa ($480,5).

De groei van de industrie in Joegoslavië bedroeg 6% in de jaren 1970, stond op de 64e plaats in de wereld, en was vergelijkbaar met Polen (6,0%), Belize (6,0%), Sri Lanka (6,0%). De groei van de industrie in Joegoslavië (6,0%) was groter dan de groei van de industrie in de wereld (4,0%), was groter dan de groei van de industrie in Europa (3,6%).

Vergelijking met buren. De toegevoegde waarde van de industrie in Joegoslavië was groter dan in Griekenland (US$5,9 miljard), in Hongarije (US$4,5 miljard), in Bulgarije (US$4,3 miljard) en in Albanië (US$885,9 miljoen); maar minder dan in Italië (US$60,1 miljard), in Oostenrijk (US$10,8 miljard) en in Roemenië (US$10,8 miljard). De toegevoegde waarde van de industrie per hoofd in Joegoslavië was groter dan in Roemenië (US$501,1), in Bulgarije (US$491,3), in Hongarije (US$430,6) en in Albanië (US$371,1); maar minder dan in Oostenrijk (US$1.423,9), in Italië (US$1.092,7) en in Griekenland (US$652,0). De groei van de industrie in Joegoslavië was groter dan in Italië (5,1%), in Albanië (4,0%) en in Oostenrijk (3,8%); maar minder dan in Roemenië (11,3%), in Bulgarije (7,4%), in Griekenland (7,3%) en in Hongarije (6,5%).

Vergelijking met leiders. De sector van de industrie in Joegoslavië was minder dan in de Verenigde Staten (US$450,4 miljard), in de Sovjet-Unie (US$248,8 miljard), in Japan (US$185,6 miljard), in Duitsland (US$158,4 miljard) en in het Verenigd Koninkrijk (US$72,6 miljard). De toegevoegde waarde van de industrie per hoofd in Joegoslavië was minder dan in de Verenigde Staten (US$2,1 duizend), in Duitsland (US$2,0 duizend), in Japan (US$1.666,5), in het Verenigd Koninkrijk (US$1.295,1) en in de Sovjet-Unie (US$986,6). De groei van de industrie in Joegoslavië was groter dan in de Sovjet-Unie (5,2%), in Japan (4,5%), in de Verenigde Staten (2,4%), in Duitsland (2,1%) en in het Verenigd Koninkrijk (1,9%).

de jaren 1980

De waarde van de industrie in Joegoslavië bedroeg in de jaren 1980 US$26,2 miljard per jaar, stond op de 28e plaats in de wereld, en was vergelijkbaar met Venezuela (US$26,3 miljard). Het aandeel in de wereld was 0,63%, en 1,8% in Europa.

Het aandeel van de industrie in de economie van Joegoslavië was 40,6% in de jaren 1980, stond op de 16e plaats in de wereld, en was vergelijkbaar met Noord-Korea (40,3%), Zambia (40,8%).

De toegevoegde waarde van de industrie per hoofd in Joegoslavië was $1.148,8 in de jaren 1980s, stond op de 44e plaats in de wereld, en was vergelijkbaar met Mexico (US$1.123,6), Bermuda (US$1.121,7). De toegevoegde waarde van de industrie per hoofd in Joegoslavië was 33,3% hoger dan de industrie per hoofd van de bevolking in de wereld ($861,8), en was 40,6% lager dan de industrie per hoofd van de bevolking in Europa ($861,8).

De groei van de industrie in Joegoslavië bedroeg 4.6% in de jaren 1980, stond op de 56e plaats in de wereld. De groei van de industrie in Joegoslavië (4,6%) was groter dan de groei van de industrie in de wereld (2,3%), was groter dan de groei van de industrie in Europa (2,3%).

Vergelijking met buren. De industrie van Joegoslavië was 17,6% groter dan in Oostenrijk (US$22,3 miljard), 21,3% groter dan in Roemenië (US$21,6 miljard), 2,2 keer groter dan in Griekenland (US$11,7 miljard), 3,2 keer groter dan in Hongarije (US$8,1 miljard), 3,8 keer groter dan in Bulgarije (US$6,9 miljard) en 31,4 keer groter dan in Albanië (US$833,5 miljoen); maar 5,7 keer minder dan in Italië (US$148,2 miljard). De industrie per hoofd in Joegoslavië was 22,7% groter dan in Roemenië (US$936,1), 49,8% groter dan in Bulgarije (US$766,7), 50,9% groter dan in Hongarije (US$761,4) en 4,1 keer groter dan in Albanië (US$282,0); maar 2,5 keer minder dan in Oostenrijk (US$2,9 duizend), 2,3 keer minder dan in Italië (US$2,6 duizend) en 2,9% minder dan in Griekenland (US$1.183,7). De groei van de industrie in Joegoslavië was groter dan in Albanië (2,6%), in Italië (2,3%), in Oostenrijk (2,1%), in Griekenland (1,3%), in Hongarije (1,1%) en in Roemenië (-0,98%); maar minder dan in Bulgarije (5,3%).

Vergelijking met leiders. De industrie van Joegoslavië was 38,2 keer minder dan in de Verenigde Staten (US$1,0 biljoen), 21,7 keer minder dan in Japan (US$566,4 miljard), 11,7 keer minder dan in de Sovjet-Unie (US$305,7 miljard), 11,4 keer minder dan in Duitsland (US$297,5 miljard) en 6,5 keer minder dan in het Verenigd Koninkrijk (US$171,2 miljard). De waarde van de industrie per hoofd in Joegoslavië was 3,4% groter dan in de Sovjet-Unie (US$1.110,8); maar 4,1 keer minder dan in Japan (US$4,7 duizend), 3,6 keer minder dan in de Verenigde Staten (US$4,2 duizend), 3,3 keer minder dan in Duitsland (US$3,8 duizend) en 2,6 keer minder dan in het Verenigd Koninkrijk (US$3,0 duizend). De groei van de industrie in Joegoslavië was groter dan in Japan (4,2%), in de Verenigde Staten (1,9%), in het Verenigd Koninkrijk (1,4%) en in Duitsland (1,2%); maar minder dan in de Sovjet-Unie (5,3%).

Hoofdstuk 5.1. Fabricage

(ISIC D)

De fabricage van Joegoslavië steeg van US$9,1 miljard per jaar in de jaren 1970 tot US$22,9 miljard per jaar in de jaren 1980, dat wil zeggen met US$13,8 miljard of 2,5 keer. De verandering vond plaats op US$7,6 miljard als gevolg van een 1,5-voudige stijging van de prijzen, en ook op US$5,4 miljard als gevolg van een 1,5-voudige toename van de productiviteit , evenals op US$762,6 miljoen als gevolg van de toename van de bevolking. De gemiddelde jaarlijkse groei van de fabricage is 2,6%. De minimumwaarde van de fabricage bedroeg US$3,9 miljard in 1970. De maximumwaarde van de fabricage bedroeg US$30,5 miljard in 1989.

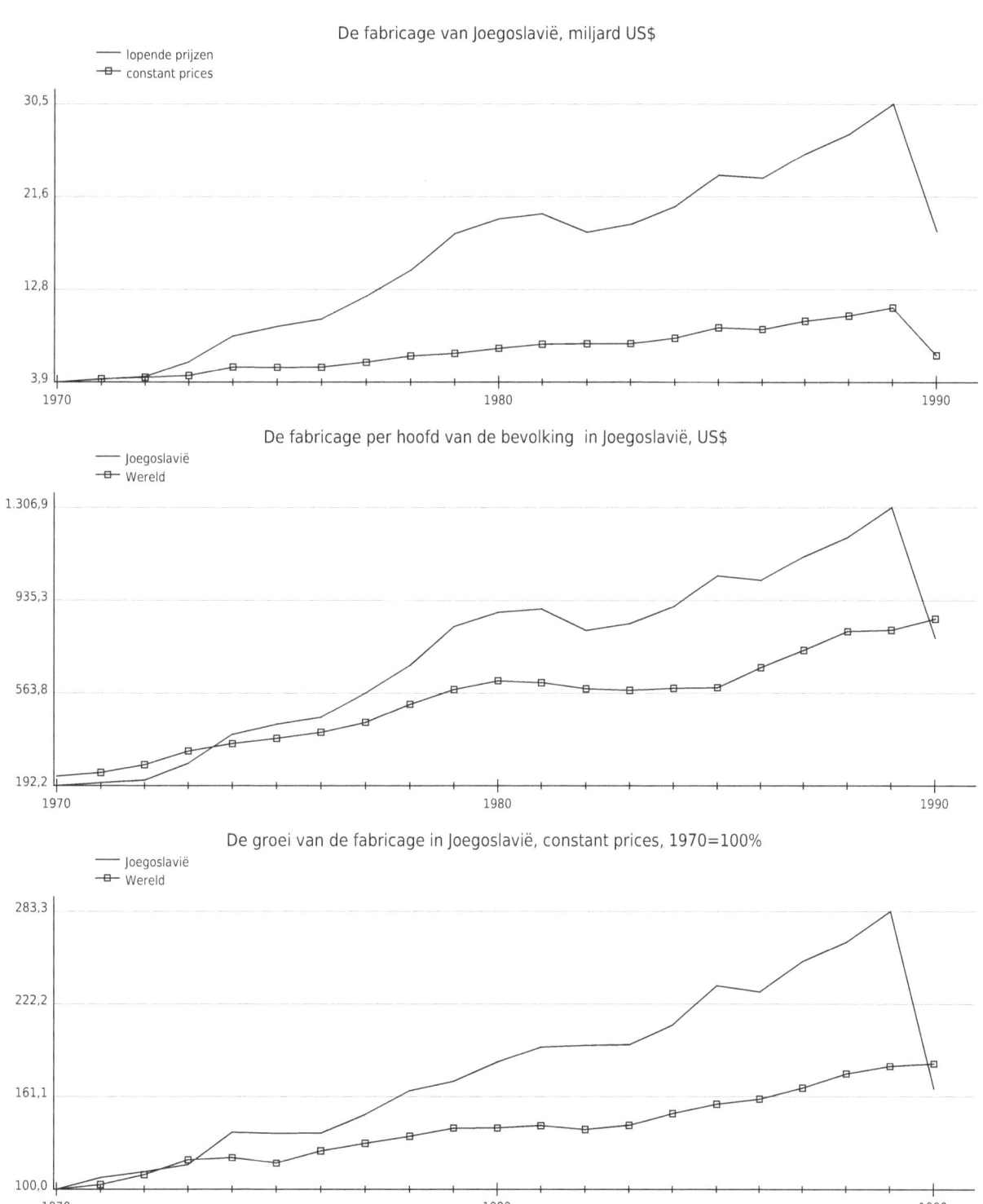

De fabricage van Joegoslavië, miljard US$

De fabricage per hoofd van de bevolking in Joegoslavië, US$

De groei van de fabricage in Joegoslavië, constant prices, 1970=100%

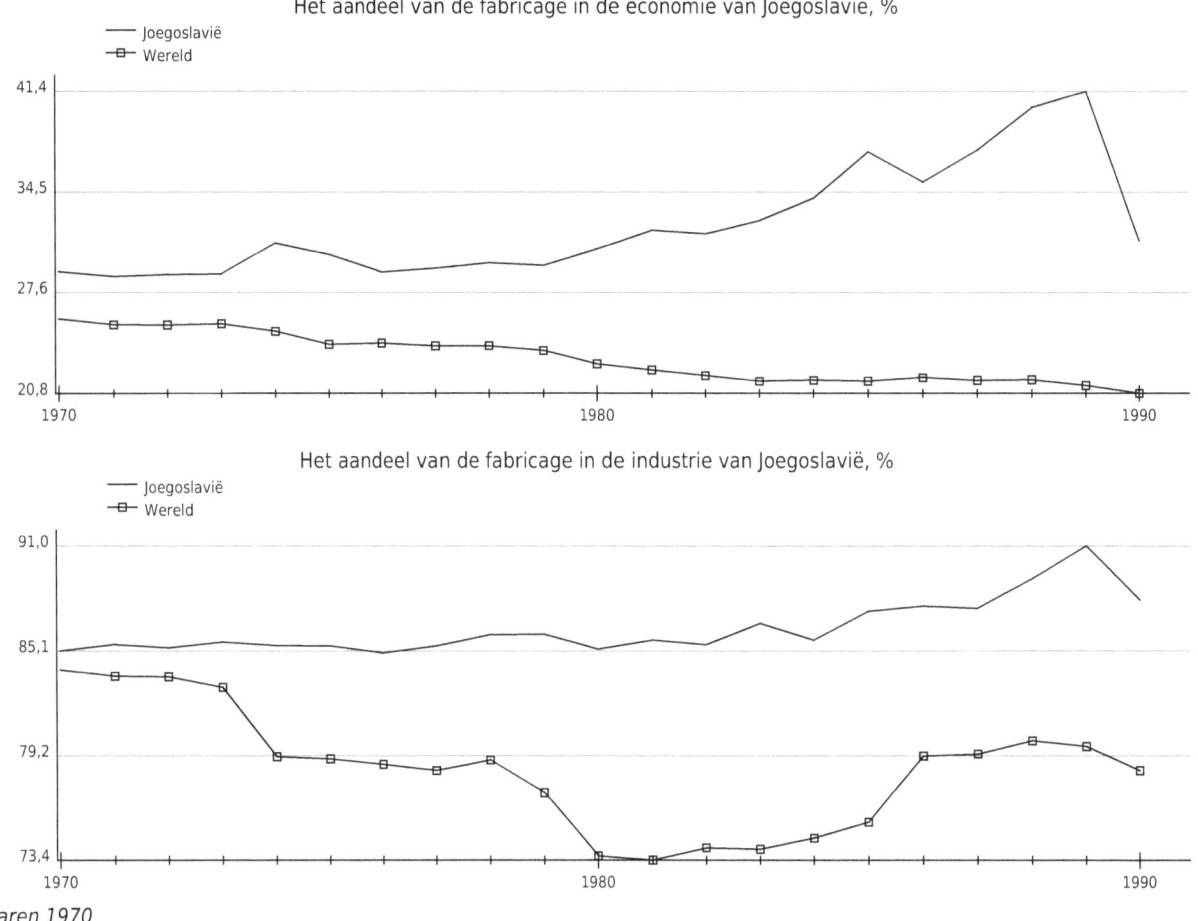

Het aandeel van de fabricage in de economie van Joegoslavië, %

Het aandeel van de fabricage in de industrie van Joegoslavië, %

de jaren 1970

De waarde van de fabricage in Joegoslavië bedroeg in de jaren 1970 US$9,1 miljard per jaar, stond op de 25e plaats in de wereld, en was vergelijkbaar met Oostenrijk (US$9,2 miljard). Het aandeel in de wereld was 0,59%, en 1,2% in Europa.

Het aandeel van de fabricage in de economie van Joegoslavië was 29,5% in de jaren 1970, stond op de 13e plaats in de wereld, en was vergelijkbaar met België (29,5%).

De toegevoegde waarde van de fabricage per hoofd in Joegoslavië was $431,3 in de jaren 1970s, stond op de 42e plaats in de wereld, en was vergelijkbaar met Roemenië (US$438,7). De waarde van de fabricage per hoofd in Joegoslavië was 12,5% hoger dan de fabricage per hoofd van de bevolking in de wereld ($383,2), en was in 2,4 keer lager dan de fabricage per hoofd van de bevolking in Europa ($383,2).

De groei van de fabricage in Joegoslavië bedroeg 6.2% in de jaren 1970, stond op de 66e plaats in de wereld, en was vergelijkbaar met Ivoorkust (6,2%). De groei van de fabricage in Joegoslavië (6,2%) was groter dan de groei van de fabricage in de wereld (3,8%), was groter dan de groei van de fabricage in Europa (3,5%).

Vergelijking met buren. De waarde van de fabricage in Joegoslavië was groter dan in Griekenland (US$5,0 miljard), in Hongarije (US$3,2 miljard), in Bulgarije (US$2,8 miljard) en in Albanië (US$440,0 miljoen); maar minder dan in Italië (US$55,3 miljard), in Roemenië (US$9,4 miljard) en in Oostenrijk (US$9,2 miljard). De sector van de fabricage per hoofd in Joegoslavië was groter dan in Bulgarije (US$327,1), in Hongarije (US$304,2) en in Albanië (US$184,3); maar minder dan in Oostenrijk (US$1.215,4), in Italië (US$1.005,2), in Griekenland (US$555,4) en in Roemenië (US$438,7). De groei van de fabricage in Joegoslavië was groter dan in Albanië (4,0%) en in Oostenrijk (3,7%); maar minder dan in Roemenië (11,3%), in Bulgarije (7,4%), in Griekenland (6,8%), in Hongarije (6,6%) en in Italië (6,4%).

Vergelijking met leiders. De toegevoegde waarde van de fabricage in Joegoslavië was minder dan in de Verenigde Staten (US$378,0 miljard), in de Sovjet-Unie (US$248,8 miljard), in Japan (US$169,3 miljard), in Duitsland (US$138,0 miljard) en in Frankrijk (US$64,5 miljard). De sector van de fabricage per hoofd in Joegoslavië was minder dan in Duitsland (US$1.752,1), in de Verenigde Staten (US$1.731,8), in Japan (US$1.520,6), in Frankrijk (US$1.203,0) en in de Sovjet-Unie (US$986,6). De groei van de fabricage in

Joegoslavië was groter dan in de Sovjet-Unie (5,2%), in Japan (4,5%), in Frankrijk (3,5%), in de Verenigde Staten (2,7%) en in Duitsland (2,1%).

de jaren 1980

De sector van de fabricage in Joegoslavië bedroeg in de jaren 1980 US$22,9 miljard per jaar, stond op de 22e plaats in de wereld. Het aandeel in de wereld was 0,72%, en 1,8% in Europa.

Het aandeel van de fabricage in de economie van Joegoslavië was 35,4% in de jaren 1980, stond op de 4e plaats in de wereld.

De waarde van de fabricage per hoofd in Joegoslavië was $1.003,6 in de jaren 1980s, stond op de 36e plaats in de wereld, en was vergelijkbaar met Oost-Europa (US$1.009,6), Malta (US$991,4). De fabricage per hoofd in Joegoslavië was 51,8% hoger dan de fabricage per hoofd van de bevolking in de wereld ($661,2), en was 40,0% lager dan de fabricage per hoofd van de bevolking in Europa ($661,2).

De groei van de fabricage in Joegoslavië bedroeg 5.2% in de jaren 1980, stond op de 55e plaats in de wereld, en was vergelijkbaar met Zuidwest-Azië (5,2%). De groei van de fabricage in Joegoslavië (5,2%) was groter dan de groei van de fabricage in de wereld (2,6%), was groter dan de groei van de fabricage in Europa (2,1%).

Vergelijking met buren. De waarde van de fabricage in Joegoslavië was 21,0% groter dan in Roemenië (US$18,9 miljard), 24,2% groter dan in Oostenrijk (US$18,4 miljard), 2,5 keer groter dan in Griekenland (US$9,3 miljard), 4,1 keer groter dan in Hongarije (US$5,6 miljard), 5,0 keer groter dan in Bulgarije (US$4,6 miljard) en 55,2 keer groter dan in Albanië (US$414,0 miljoen); maar 5,9 keer minder dan in Italië (US$134,1 miljard). De fabricage per hoofd in Joegoslavië was 6,8% groter dan in Griekenland (US$939,8), 22,5% groter dan in Roemenië (US$819,3), 88,3% groter dan in Hongarije (US$532,8), 96,6% groter dan in Bulgarije (US$510,5) en 7,2 keer groter dan in Albanië (US$140,1); maar 2,4 keer minder dan in Oostenrijk (US$2,4 duizend) en 2,4 keer minder dan in Italië (US$2,4 duizend). De groei van de fabricage in Joegoslavië was groter dan in Albanië (2,6%), in Italië (2,5%), in Oostenrijk (2,5%), in Hongarije (1,4%), in Griekenland (0,46%) en in Roemenië (-1,4%); maar minder dan in Bulgarije (5,3%).

Vergelijking met leiders. De sector van de fabricage in Joegoslavië was 34,5 keer minder dan in de Verenigde Staten (US$789,4 miljard), 21,9 keer minder dan in Japan (US$501,0 miljard), 13,4 keer minder dan in de Sovjet-Unie (US$305,7 miljard), 11,3 keer minder dan in Duitsland (US$258,7 miljard) en 5,9 keer minder dan in Italië (US$134,1 miljard). De waarde van de fabricage per hoofd in Joegoslavië was 4,1 keer minder dan in Japan (US$4,1 duizend), 3,3 keer minder dan in Duitsland (US$3,3 duizend), 3,3 keer minder dan in de Verenigde Staten (US$3,3 duizend), 2,4 keer minder dan in Italië (US$2,4 duizend) en 9,7% minder dan in de Sovjet-Unie (US$1.110,8). De groei van de fabricage in Joegoslavië was groter dan in Japan (4,4%), in Italië (2,5%), in de Verenigde Staten (1,9%) en in Duitsland (1,2%); maar minder dan in de Sovjet-Unie (5,3%).

Hoofdstuk VI. Constructie

(ISIC F)

De toegevoegde waarde van de constructie in Joegoslavië steeg van US$3,2 miljard per jaar in de jaren 1970 tot US$5,2 miljard per jaar in de jaren 1980, dat wil zeggen met US$1,9 miljard of 59,2%. De verandering vond plaats op US$1,7 miljard als gevolg van een 1,5-voudige stijging van de prijzen, en ook op -US$67,9 miljoen als gevolg van een 1,0-voudige afname van de productiviteit , evenals op US$272,3 miljoen als gevolg van de toename van de bevolking. De gemiddelde jaarlijkse groei van de constructie is 0,22%. De minimumwaarde van de constructie bedroeg US$1,6 miljard in 1970. De maximumwaarde van de constructie bedroeg US$6,8 miljard in 1980.

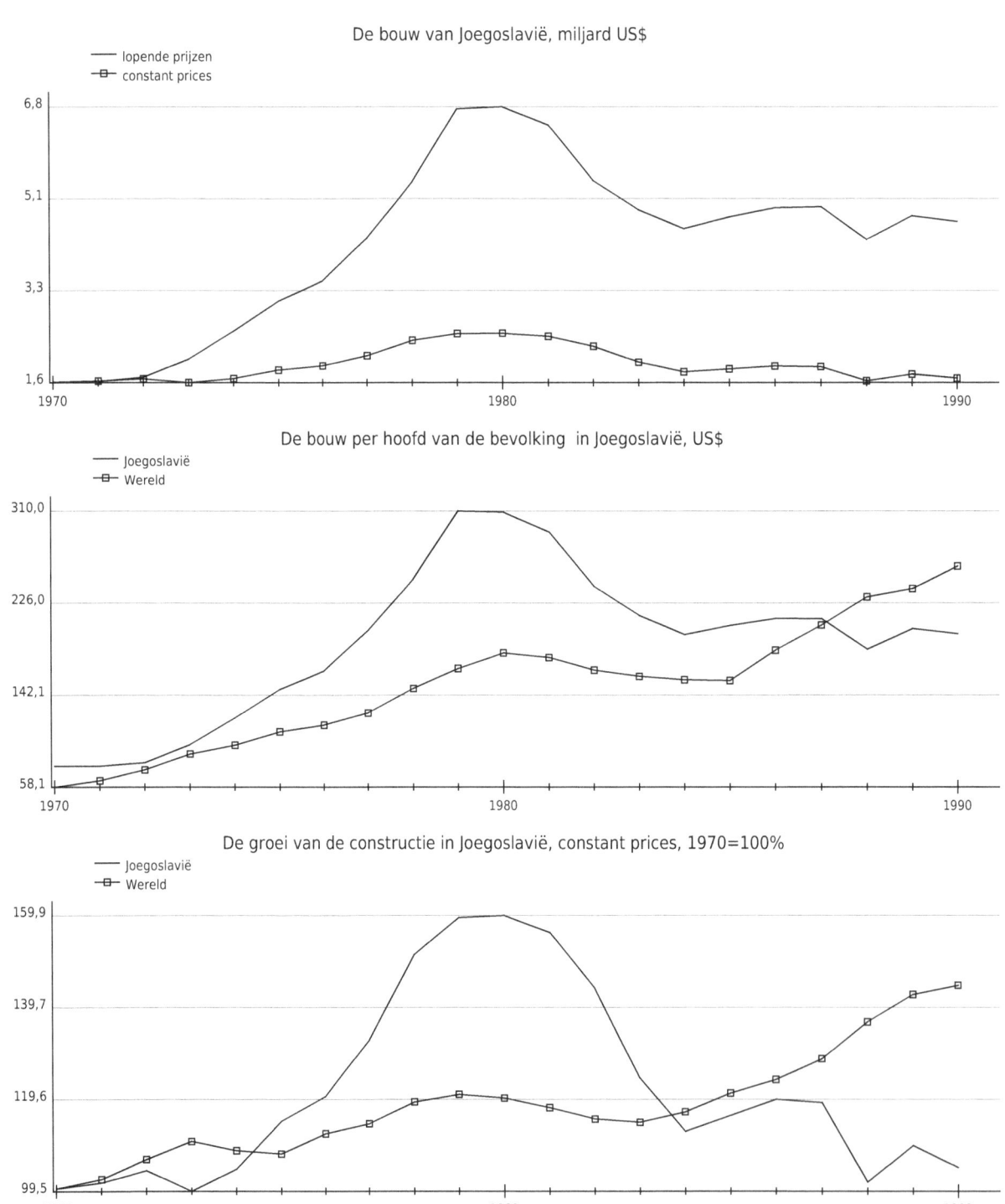

De bouw van Joegoslavië, miljard US$

De bouw per hoofd van de bevolking in Joegoslavië, US$

De groei van de constructie in Joegoslavië, constant prices, 1970=100%

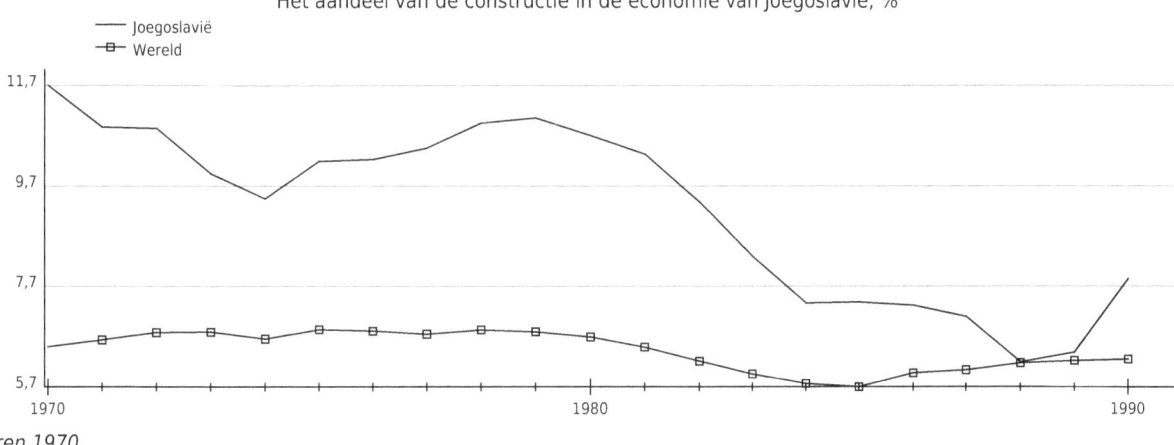

Het aandeel van de constructie in de economie van Joegoslavië, %

de jaren 1970

De bouw van Joegoslavië bedroeg in de jaren 1970 US$3,2 miljard per jaar, stond op de 26e plaats in de wereld, en was vergelijkbaar met Argentinië (US$3,3 miljard), Oostenrijk (US$3,2 miljard). Het aandeel in de wereld was 0,76%, en 1,6% in Europa.

Het aandeel van de constructie in de economie van Joegoslavië was 10,6% in de jaren 1970, stond op de 17e plaats in de wereld, en was vergelijkbaar met Spanje (10,5%).

De toegevoegde waarde van de constructie per hoofd in Joegoslavië was $154,0 in de jaren 1970s, stond op de 55e plaats in de wereld. De sector van de constructie per hoofd in Joegoslavië was 45,1% hoger dan de constructie per hoofd van de bevolking in de wereld ($106,1), en was 44,6% lager dan de constructie per hoofd van de bevolking in Europa ($106,1).

De groei van de constructie in Joegoslavië bedroeg 5.3% in de jaren 1970, stond op de 84e plaats in de wereld. De groei van de constructie in Joegoslavië (5,3%) was groter dan de groei van de constructie in de wereld (2,1%), was groter dan de groei van de constructie in Europa (1,3%).

Vergelijking met buren. De toegevoegde waarde van de constructie in Joegoslavië was groter dan in Oostenrijk (US$3,2 miljard), in Griekenland (US$2,3 miljard), in Roemenië (US$1,7 miljard), in Hongarije (US$1,0 miljard), in Bulgarije (US$842,6 miljoen) en in Albanië (US$266,8 miljoen); maar minder dan in Italië (US$16,0 miljard). De bouw per hoofd in Joegoslavië was groter dan in Albanië (US$111,8), in Hongarije (US$98,5), in Bulgarije (US$96,8) en in Roemenië (US$79,9); maar minder dan in Oostenrijk (US$417,9), in Italië (US$290,8) en in Griekenland (US$258,5). De groei van de constructie in Joegoslavië was groter dan in Albanië (4,0%), in Oostenrijk (3,2%), in Griekenland (3,2%) en in Italië (-0,20%); maar minder dan in Roemenië (7,7%), in Bulgarije (7,4%) en in Hongarije (6,4%).

Vergelijking met leiders. De bouw van Joegoslavië was minder dan in de Verenigde Staten (US$81,1 miljard), in de Sovjet-Unie (US$52,5 miljard), in Japan (US$43,5 miljard), in Duitsland (US$33,8 miljard) en in Frankrijk (US$22,4 miljard). De toegevoegde waarde van de constructie per hoofd in Joegoslavië was minder dan in Duitsland (US$428,6), in Frankrijk (US$417,3), in Japan (US$390,8), in de Verenigde Staten (US$371,5) en in de Sovjet-Unie (US$208,1). De groei van de constructie in Joegoslavië was groter dan in Japan (3,4%), in Frankrijk (2,0%), in Duitsland (0,66%) en in de Verenigde Staten (0,31%); maar minder dan in de Sovjet-Unie (6,5%).

de jaren 1980

De bouw van Joegoslavië bedroeg in de jaren 1980 US$5,2 miljard per jaar, stond op de 30e plaats in de wereld, en was vergelijkbaar met de Verenigde Arabische Emiraten (US$5,2 miljard). Het aandeel in de wereld was 0,57%, en 1,4% in Europa.

Het aandeel van de constructie in de economie van Joegoslavië was 8,0% in de jaren 1980, stond op de 39e plaats in de wereld, en was vergelijkbaar met Zuidwest-Azië (8,0%), Grenada (8,0%), Zwitserland (8,1%).

De sector van de constructie per hoofd in Joegoslavië was $226,2 in de jaren 1980s, stond op de 59e plaats in de wereld, en was vergelijkbaar met Iran (US$225,2), Mexico (US$224,0), Macau (US$222,0). De toegevoegde waarde van de constructie per hoofd in Joegoslavië was 21,5% hoger dan de constructie per hoofd van de bevolking in de wereld ($186,2), en was in 2,0 keer lager dan de constructie per hoofd van de bevolking in Europa ($186,2).

De groei van de constructie in Joegoslavië bedroeg -3.7% in de jaren 1980, stond op de 161e plaats in de wereld, en was vergelijkbaar met El Salvador (-3,7%). De groei van de constructie in Joegoslavië (-3,7%) was minder dan de groei van de constructie in de wereld (1,7%), was minder dan de groei van de constructie in Europa (1,9%).

Vergelijking met buren. De constructie van Joegoslavië was 40,1% groter dan in Griekenland (US$3,7 miljard), 63,5% groter dan in Roemenië (US$3,2 miljard), 2,8 keer groter dan in Hongarije (US$1,9 miljard), 4,3 keer groter dan in Bulgarije (US$1,2 miljard) en 20,2 keer groter dan in Albanië (US$255,2 miljoen); maar 6,8 keer minder dan in Italië (US$35,3 miljard) en 13,7% minder dan in Oostenrijk (US$6,0 miljard). De constructie per hoofd in Joegoslavië was 28,6% groter dan in Hongarije (US$175,9), 65,5% groter dan in Roemenië (US$136,7), 66,9% groter dan in Bulgarije (US$135,5) en 2,6 keer groter dan in Albanië (US$86,3); maar 3,5 keer minder dan in Oostenrijk (US$782,5), 2,7 keer minder dan in Italië (US$620,6) en 38,9% minder dan in Griekenland (US$370,4). De groei van de constructie in Joegoslavië was minder dan in Bulgarije (5,4%), in Albanië (4,4%), in Italië (0,70%), in Hongarije (0,43%), in Oostenrijk (-0,57%), in Roemenië (-1,3%) en in Griekenland (-1,3%).

Vergelijking met leiders. De sector van de constructie in Joegoslavië was 35,1 keer minder dan in de Verenigde Staten (US$180,6 miljard), 26,9 keer minder dan in Japan (US$138,7 miljard), 14,0 keer minder dan in de Sovjet-Unie (US$72,1 miljard), 11,2 keer minder dan in Duitsland (US$57,8 miljard) en 8,3 keer minder dan in Frankrijk (US$42,5 miljard). De sector van de constructie per hoofd in Joegoslavië was 5,1 keer minder dan in Japan (US$1.143,9), 3,3 keer minder dan in de Verenigde Staten (US$754,4), 3,3 keer minder dan in Frankrijk (US$751,9), 3,3 keer minder dan in Duitsland (US$740,2) en 13,7% minder dan in de Sovjet-Unie (US$262,0). De groei van de constructie in Joegoslavië was minder dan in de Sovjet-Unie (6,2%), in Japan (2,1%), in de Verenigde Staten (1,1%), in Frankrijk (0,67%) en in Duitsland (-0,52%).

Hoofdstuk VII. Vervoer

Transport, opslag en communicatie (ISIC I)

De toegevoegde waarde van het transport in Joegoslavië steeg van US$2,5 miljard per jaar in de jaren 1970 tot US$5,8 miljard per jaar in de jaren 1980, dat wil zeggen met US$3,3 miljard of 2,3 keer. De verandering vond plaats op US$1,9 miljard als gevolg van een 1,5-voudige stijging van de prijzen, en ook op US$1,1 miljard als gevolg van een 1,4-voudige toename van de productiviteit , evenals op US$209,3 miljoen als gevolg van de toename van de bevolking. De gemiddelde jaarlijkse groei van het transport is 4,8%. De minimumwaarde van het transport bedroeg US$991,3 miljoen in 1970. De maximumwaarde van het transport bedroeg US$7,8 miljard in 1987.

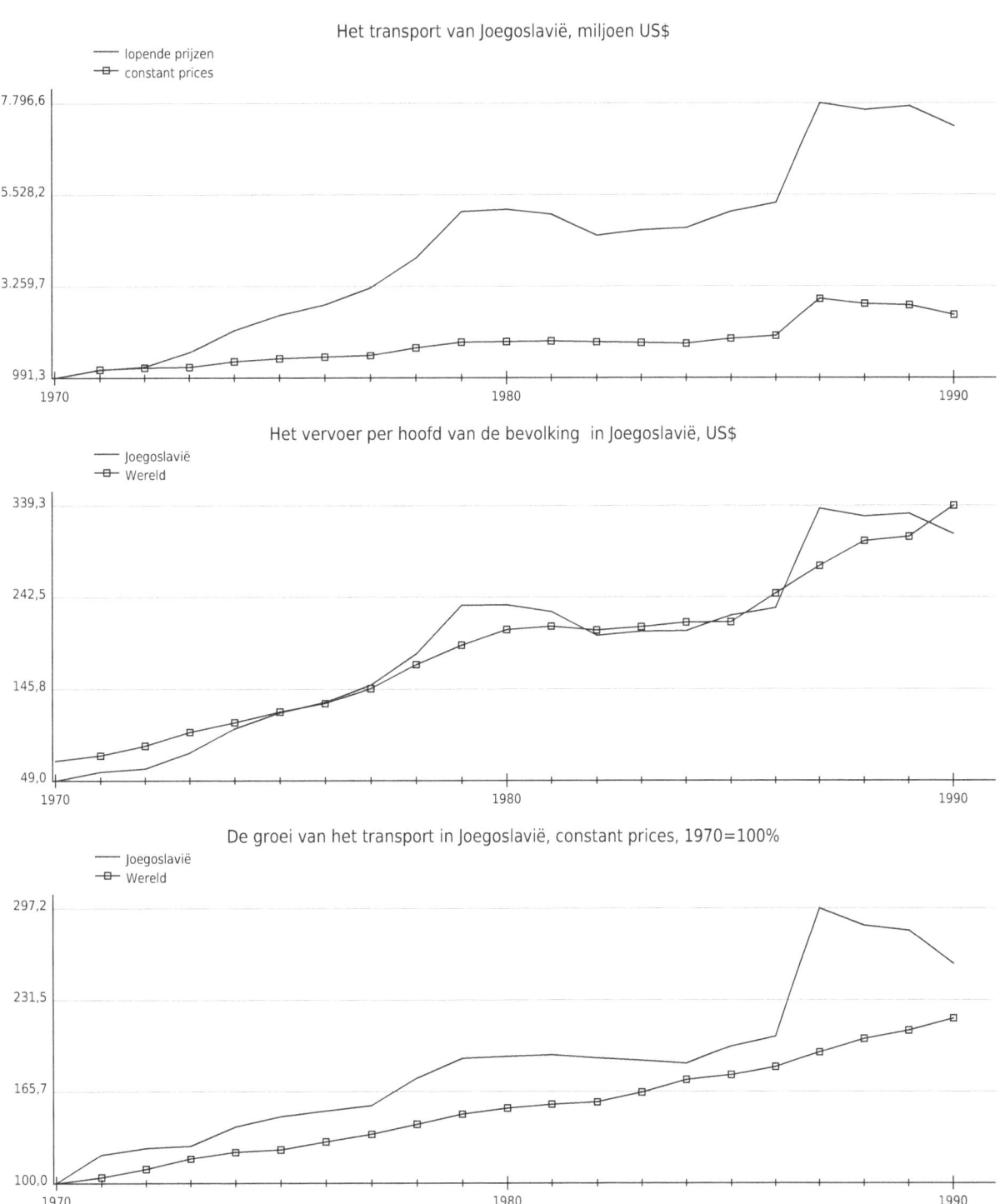

Het transport van Joegoslavië, miljoen US$

Het vervoer per hoofd van de bevolking in Joegoslavië, US$

De groei van het transport in Joegoslavië, constant prices, 1970=100%

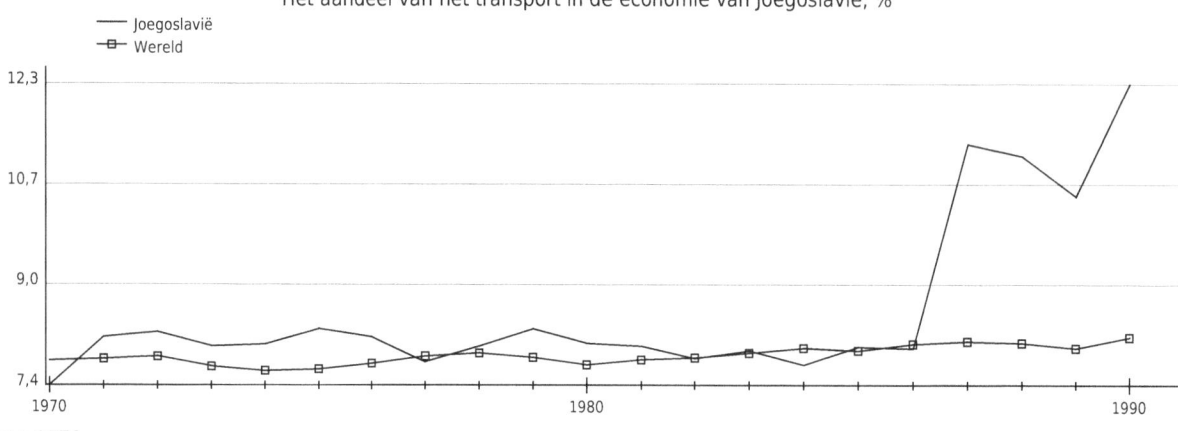

Het aandeel van het transport in de economie van Joegoslavië, %

de jaren 1970

De toegevoegde waarde van het transport in Joegoslavië bedroeg in de jaren 1970 US$2,5 miljard per jaar, stond op de 28e plaats in de wereld. Het aandeel in de wereld was 0,50%, en 1,4% in Europa.

Het aandeel van het transport in de economie van Joegoslavië was 8,1% in de jaren 1970, stond op de 68e plaats in de wereld, en was vergelijkbaar met Liberia (8,1%), Turkije (8,1%), Hongkong (8,1%).

De toegevoegde waarde van het transport per hoofd in Joegoslavië was $118,4 in de jaren 1970s, stond op de 56e plaats in de wereld, en was vergelijkbaar met Puerto Rico (US$119,1), Zuidelijk Afrika (US$121,2). Het transport per hoofd in Joegoslavië was 3,2% lager dan het transport per hoofd van de bevolking in de wereld ($122,3), en was in 2,1 keer lager dan het transport per hoofd van de bevolking in Europa ($122,3).

De groei van het transport in Joegoslavië bedroeg 7.4% in de jaren 1970, stond op de 56e plaats in de wereld, en was vergelijkbaar met Malawi (7,3%), Oost-Europa (7,3%), Venezuela (7,3%). De groei van het transport in Joegoslavië (7,4%) was groter dan de groei van het transport in de wereld (4,6%), was groter dan de groei van het transport in Europa (4,3%).

Vergelijking met buren. De toegevoegde waarde van het transport in Joegoslavië was groter dan in Bulgarije (US$1,3 miljard), in Hongarije (US$1,1 miljard), in Roemenië (US$1,1 miljard) en in Albanië (US$51,1 miljoen); maar minder dan in Italië (US$15,2 miljard), in Oostenrijk (US$3,1 miljard) en in Griekenland (US$2,8 miljard). Het transport per hoofd in Joegoslavië was groter dan in Hongarije (US$105,7), in Roemenië (US$49,0) en in Albanië (US$21,4); maar minder dan in Oostenrijk (US$405,3), in Griekenland (US$307,1), in Italië (US$276,0) en in Bulgarije (US$146,1). De groei van het transport in Joegoslavië was groter dan in Bulgarije (7,0%), in Oostenrijk (5,9%), in Italië (5,6%), in Hongarije (5,4%) en in Albanië (4,1%); maar minder dan in Roemenië (8,3%) en in Griekenland (7,5%).

Vergelijking met leiders. De sector van het transport in Joegoslavië was minder dan in de Verenigde Staten (US$168,6 miljard), in Japan (US$46,4 miljard), in Duitsland (US$29,6 miljard), in de Sovjet-Unie (US$28,8 miljard) en in Frankrijk (US$24,0 miljard). Het transport per hoofd in Joegoslavië was groter dan in de Sovjet-Unie (US$114,0); maar minder dan in de Verenigde Staten (US$772,4), in Frankrijk (US$447,4), in Japan (US$416,6) en in Duitsland (US$376,1). De groei van het transport in Joegoslavië was groter dan in de Verenigde Staten (4,2%), in Frankrijk (4,1%), in Duitsland (3,0%) en in Japan (1,7%); maar minder dan in de Sovjet-Unie (8,1%).

de jaren 1980

De toegevoegde waarde van het transport in Joegoslavië bedroeg in de jaren 1980 US$5,8 miljard per jaar, stond op de 29e plaats in de wereld, en was vergelijkbaar met de Caraïben (US$5,7 miljard), Denemarken (US$5,9 miljard). Het aandeel in de wereld was 0,49%, en 1,5% in Europa.

Het aandeel van het transport in de economie van Joegoslavië was 8,9% in de jaren 1980, stond op de 60e plaats in de wereld, en was vergelijkbaar met Australazië (9,0%), België (8,9%), Noord-Europa (9,0%).

De sector van het transport per hoofd in Joegoslavië was $253,4 in de jaren 1980s, stond op de 61e plaats in de wereld, en was vergelijkbaar met Saint Kitts en Nevis (US$254,2), Cuba (US$254,8). De waarde van het transport per hoofd in Joegoslavië was 4,7% hoger dan het transport per hoofd van de bevolking in de wereld ($242,0), en was 48,8% lager dan het transport per hoofd van de bevolking in Europa ($242,0).

De groei van het transport in Joegoslavië bedroeg 4% in de jaren 1980, stond op de 85e plaats in de wereld, en was vergelijkbaar met de Dominicaanse Republiek (4,0%), Bahrein (4,1%), Cuba (4,1%). De groei van het transport in Joegoslavië (4,0%) was groter dan de groei van het transport in de wereld (3,4%), was groter dan de groei van het transport in Europa (2,8%).

Vergelijking met buren. Het transport van Joegoslavië was 4,8% groter dan in Griekenland (US$5,5 miljard), 84,4% groter dan in Roemenië (US$3,1 miljard), 2,7 keer groter dan in Bulgarije (US$2,1 miljard), 2,8 keer groter dan in Hongarije (US$2,1 miljard) en 122,6 keer groter dan in Albanië (US$47,1 miljoen); maar 8,0 keer minder dan in Italië (US$46,1 miljard) en 22,3% minder dan in Oostenrijk (US$7,4 miljard). De sector van het transport per hoofd in Joegoslavië was 7,8% groter dan in Bulgarije (US$235,0), 28,5% groter dan in Hongarije (US$197,2), 86,6% groter dan in Roemenië (US$135,8) en 15,9 keer groter dan in Albanië (US$15,9); maar 3,8 keer minder dan in Oostenrijk (US$973,8), 3,2 keer minder dan in Italië (US$812,2) en 2,2 keer minder dan in Griekenland (US$555,1). De groei van het transport in Joegoslavië was groter dan in Italië (3,9%), in Griekenland (3,9%), in Hongarije (3,0%), in Oostenrijk (2,6%) en in Albanië (1,8%); maar minder dan in Bulgarije (4,9%) en in Roemenië (4,8%).

Vergelijking met leiders. Het vervoer van Joegoslavië was 68,4 keer minder dan in de Verenigde Staten (US$394,9 miljard), 25,6 keer minder dan in Japan (US$147,7 miljard), 9,8 keer minder dan in Duitsland (US$56,6 miljard), 9,7 keer minder dan in Frankrijk (US$56,2 miljard) en 9,2 keer minder dan in het Verenigd Koninkrijk (US$53,0 miljard). De sector van het transport per hoofd in Joegoslavië was 6,5 keer minder dan in de Verenigde Staten (US$1.649,2), 4,8 keer minder dan in Japan (US$1.217,8), 3,9 keer minder dan in Frankrijk (US$993,7), 3,7 keer minder dan in het Verenigd Koninkrijk (US$938,7) en 2,9 keer minder dan in Duitsland (US$725,5). De groei van het transport in Joegoslavië was groter dan in de Verenigde Staten (3,6%), in het Verenigd Koninkrijk (3,0%) en in Duitsland (1,8%); maar minder dan in Frankrijk (5,4%) en in Japan (4,7%).

Hoofdstuk VIII. Handel

Groothandel, detailhandel, restaurants en hotels (ISIC G-H)

De toegevoegde waarde van de handel in Joegoslavië steeg van US$3,7 miljard per jaar in de jaren 1970 tot US$6,9 miljard per jaar in de jaren 1980, dat wil zeggen met US$3,2 miljard of 86,0%. De verandering vond plaats op US$2,3 miljard als gevolg van een 1,5-voudige stijging van de prijzen, en ook op US$615,5 miljoen als gevolg van een 1,2-voudige toename van de productiviteit , evenals op US$312,0 miljoen als gevolg van de toename van de bevolking. De gemiddelde jaarlijkse groei van de handel is 1,2%. De minimumwaarde van de handel bedroeg US$1,4 miljard in 1970. De maximumwaarde van de handel bedroeg US$8,0 miljard in 1986.

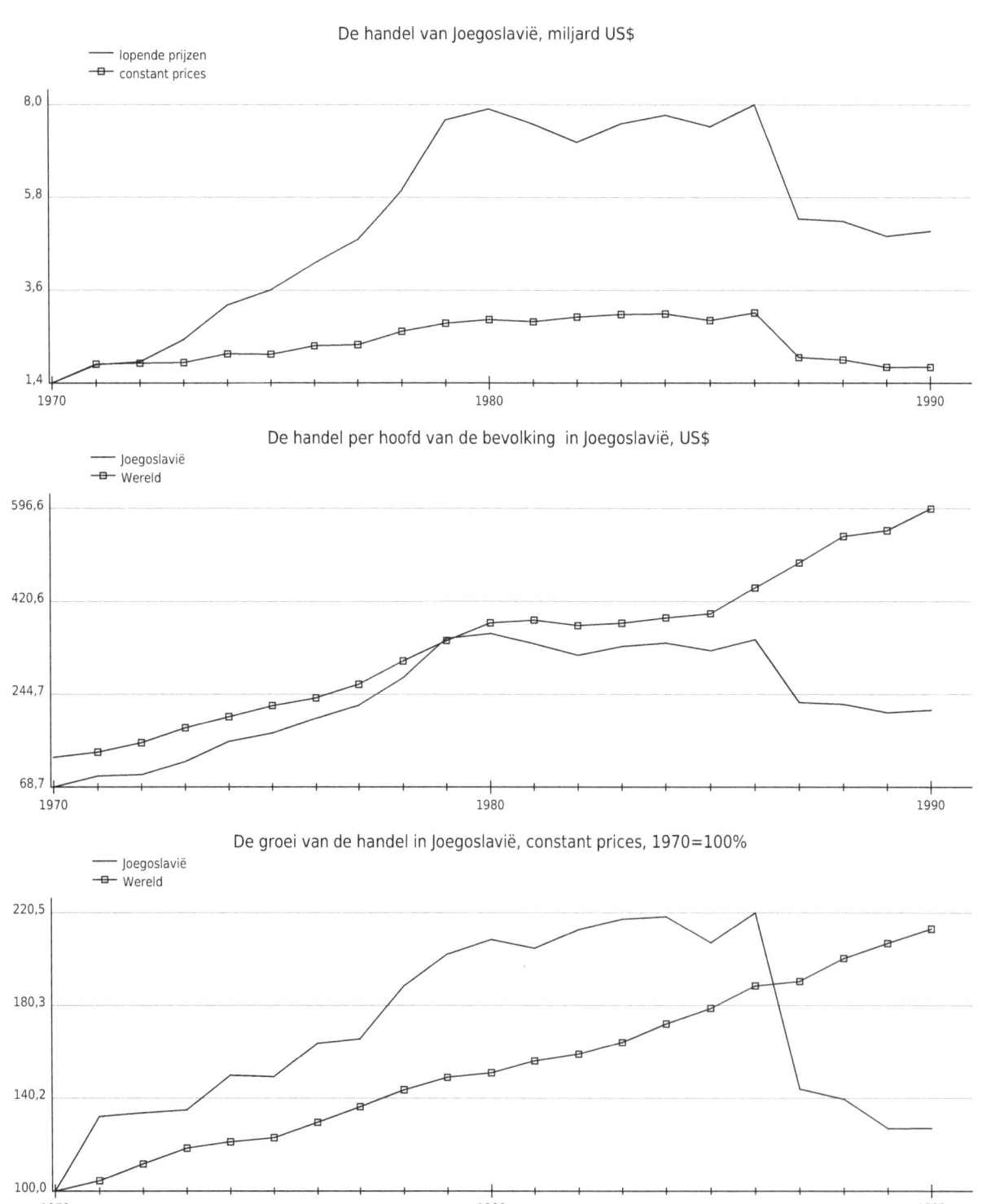

De handel van Joegoslavië, miljard US$

De handel per hoofd van de bevolking in Joegoslavië, US$

De groei van de handel in Joegoslavië, constant prices, 1970=100%

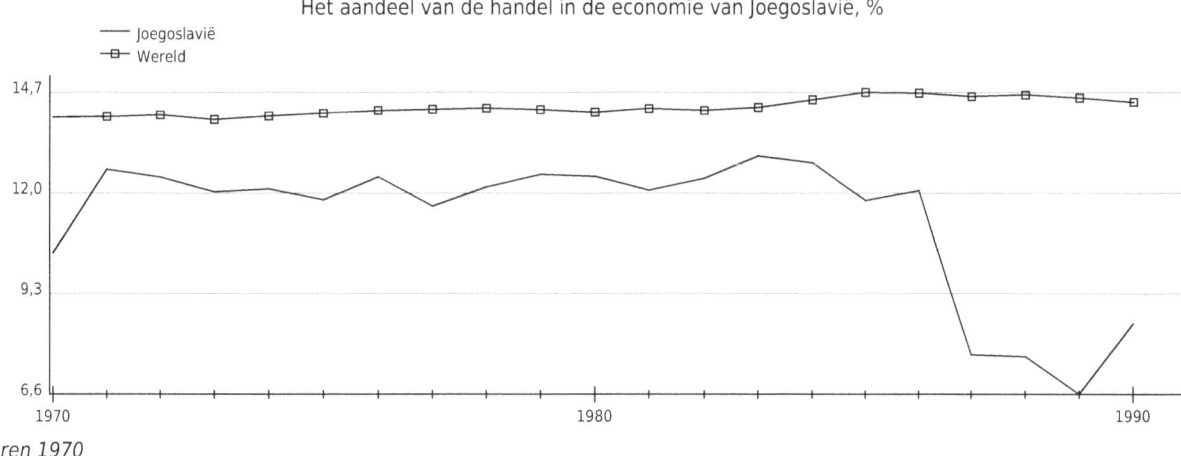

Het aandeel van de handel in de economie van Joegoslavië, %

de jaren 1970

De toegevoegde waarde van de handel in Joegoslavië bedroeg in de jaren 1970 US$3,7 miljard per jaar, stond op de 32e plaats in de wereld, en was vergelijkbaar met Cuba (US$3,7 miljard). Het aandeel in de wereld was 0,42%, en 1,1% in Europa.

Het aandeel van de handel in de economie van Joegoslavië was 12,1% in de jaren 1970, stond op de 129e plaats in de wereld, en was vergelijkbaar met Sri Lanka (12,2%), Bolivia (12,0%).

De toegevoegde waarde van de handel per hoofd in Joegoslavië was $176,4 in de jaren 1970s, stond op de 75e plaats in de wereld, en was vergelijkbaar met Zuid-Afrika (US$176,4), Turkije (US$177,5). De handel per hoofd in Joegoslavië was 20,2% lager dan de handel per hoofd van de bevolking in de wereld ($221,0), en was in 2,6 keer lager dan de handel per hoofd van de bevolking in Europa ($221,0).

De groei van de handel in Joegoslavië bedroeg 8.2% in de jaren 1970, stond op de 30e plaats in de wereld, en was vergelijkbaar met Japan (8,2%), Mauritius (8,2%). De groei van de handel in Joegoslavië (8,2%) was groter dan de groei van de handel in de wereld (4,5%), was groter dan de groei van de handel in Europa (3,6%).

Vergelijking met buren. De waarde van de handel in Joegoslavië was groter dan in Roemenië (US$1,2 miljard), in Bulgarije (US$1,2 miljard), in Hongarije (US$994,2 miljoen) en in Albanië (US$237,2 miljoen); maar minder dan in Italië (US$31,7 miljard), in Griekenland (US$6,1 miljard) en in Oostenrijk (US$5,8 miljard). De waarde van de handel per hoofd in Joegoslavië was groter dan in Bulgarije (US$134,2), in Albanië (US$99,4), in Hongarije (US$94,4) en in Roemenië (US$57,9); maar minder dan in Oostenrijk (US$760,5), in Griekenland (US$678,5) en in Italië (US$575,6). De groei van de handel in Joegoslavië was groter dan in Bulgarije (7,0%), in Griekenland (5,7%), in Hongarije (5,3%), in Oostenrijk (4,6%), in Albanië (4,1%) en in Italië (3,8%); maar minder dan in Roemenië (10,2%).

Vergelijking met leiders. De waarde van de handel in Joegoslavië was minder dan in de Verenigde Staten (US$278,3 miljard), in Japan (US$90,3 miljard), in de Sovjet-Unie (US$62,3 miljard), in Duitsland (US$61,1 miljard) en in Frankrijk (US$40,9 miljard). De handel per hoofd in Joegoslavië was minder dan in de Verenigde Staten (US$1.275,1), in Japan (US$811,1), in Duitsland (US$775,5), in Frankrijk (US$762,4) en in de Sovjet-Unie (US$247,1). De groei van de handel in Joegoslavië was groter dan in de Sovjet-Unie (5,2%), in Frankrijk (3,9%), in de Verenigde Staten (3,9%) en in Duitsland (3,0%); maar minder dan in Japan (8,2%).

de jaren 1980

De toegevoegde waarde van de handel in Joegoslavië bedroeg in de jaren 1980 US$6,9 miljard per jaar, stond op de 40e plaats in de wereld, en was vergelijkbaar met Colombia (US$6,9 miljard), de Verenigde Arabische Emiraten (US$6,9 miljard). Het aandeel in de wereld was 0,33%, en 0,97% in Europa.

Het aandeel van de handel in de economie van Joegoslavië was 10,7% in de jaren 1980, stond op de 150e plaats in de wereld, en was vergelijkbaar met Libanon (10,7%), Burundi (10,6%), de Salomonseilanden (10,6%).

De toegevoegde waarde van de handel per hoofd in Joegoslavië was $302,6 in de jaren 1980s, stond op de 82e plaats in de wereld, en was vergelijkbaar met Zuid-Afrika (US$301,1), de Marshalleilanden (US$310,2). De handel per hoofd in Joegoslavië was 30,9% lager dan de handel per hoofd van de bevolking in de wereld ($437,7), en was in 3,0 keer lager dan de handel per hoofd van de bevolking in Europa ($437,7).

De groei van de handel in Joegoslavië bedroeg -4.6% in de jaren 1980, stond op de 183e plaats in de wereld. De groei van de handel in Joegoslavië (-4,6%) was minder dan de groei van de handel in de wereld (3,3%), was minder dan de groei van de handel in Europa (1,9%).

Vergelijking met buren. De waarde van de handel in Joegoslavië was 2,7 keer groter dan in Roemenië (US$2,6 miljard), 3,3 keer groter dan in Hongarije (US$2,1 miljard), 6,2 keer groter dan in Bulgarije (US$1,1 miljard) en 31,5 keer groter dan in Albanië (US$218,4 miljoen); maar 13,9 keer minder dan in Italië (US$95,7 miljard), 2,1 keer minder dan in Oostenrijk (US$14,2 miljard) en 42,9% minder dan in Griekenland (US$12,1 miljard). De handel per hoofd in Joegoslavië was 55,4% groter dan in Hongarije (US$194,8), 2,4 keer groter dan in Bulgarije (US$123,8), 2,7 keer groter dan in Roemenië (US$112,8) en 4,1 keer groter dan in Albanië (US$73,9); maar 6,1 keer minder dan in Oostenrijk (US$1.855,9), 5,6 keer minder dan in Italië (US$1.684,2) en 4,0 keer minder dan in Griekenland (US$1.216,5). De groei van de handel in Joegoslavië was minder dan in Bulgarije (4,7%), in Oostenrijk (2,6%), in Albanië (2,5%), in Roemenië (2,5%), in Italië (2,3%), in Griekenland (2,0%) en in Hongarije (0,77%).

Vergelijking met leiders. De toegevoegde waarde van de handel in Joegoslavië was 94,8 keer minder dan in de Verenigde Staten (US$653,3 miljard), 40,2 keer minder dan in Japan (US$277,3 miljard), 16,9 keer minder dan in Duitsland (US$116,7 miljard), 16,3 keer minder dan in de Sovjet-Unie (US$112,3 miljard) en 13,9 keer minder dan in Italië (US$95,7 miljard). De toegevoegde waarde van de handel per hoofd in Joegoslavië was 9,0 keer minder dan in de Verenigde Staten (US$2,7 duizend), 7,6 keer minder dan in Japan (US$2,3 duizend), 5,6 keer minder dan in Italië (US$1.684,2), 4,9 keer minder dan in Duitsland (US$1.496,0) en 25,8% minder dan in de Sovjet-Unie (US$408,1). De groei van de handel in Joegoslavië was minder dan in Japan (4,9%), in de Verenigde Staten (4,4%), in Italië (2,3%), in Duitsland (1,8%) en in de Sovjet-Unie (-0,62%).

Hoofdstuk IX. Diensten

(ISIC J-P)

De diensten van Joegoslavië zijn gestegen van US$6,1 miljard per jaar in de jaren 1970 tot US$12,0 miljard per jaar in de jaren 1980, dat wil zeggen met US$6,0 miljard of 98,2%. De verandering vond plaats op US$3,8 miljard als gevolg van een 1,5-voudige stijging van de prijzen, en ook op US$1,6 miljard als gevolg van een 1,2-voudige toename van de productiviteit , evenals op US$510,8 miljoen als gevolg van de toename van de bevolking. De gemiddelde jaarlijkse groei van de diensten is 3,3%. De minimumwaarde van de diensten bedroeg US$2,5 miljard in 1971. De maximumwaarde van de diensten bedroeg US$14,5 miljard in 1989.

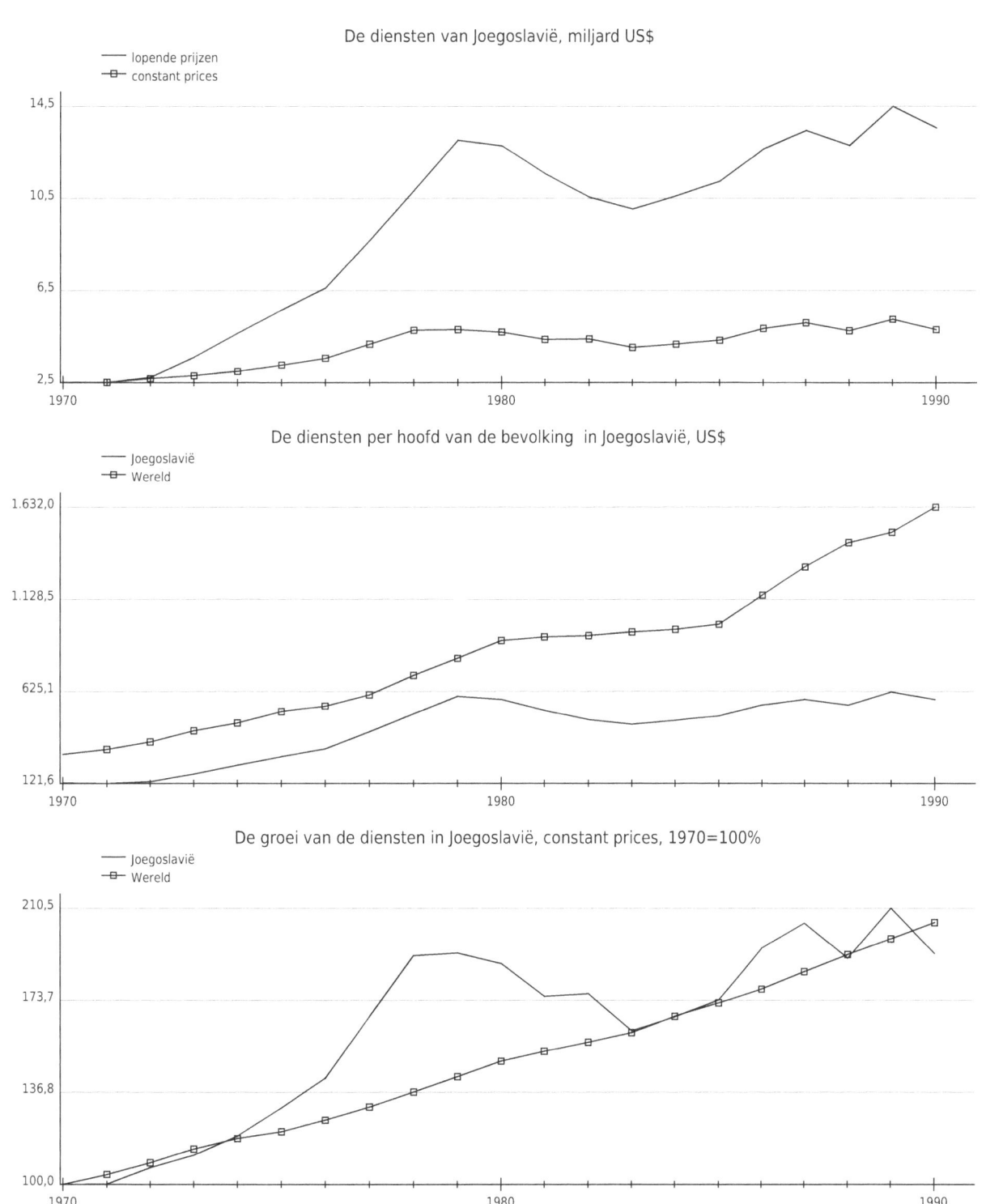

De diensten van Joegoslavië, miljard US$

De diensten per hoofd van de bevolking in Joegoslavië, US$

De groei van de diensten in Joegoslavië, constant prices, 1970=100%

Het aandeel van de diensten in de economie van Joegoslavië, %

de jaren 1970

De diensten van Joegoslavië bedroegen in de jaren 1970 US$6,1 miljard per jaar, stonden op de 34e plaats in de wereld. Het aandeel in de wereld was 0,30%, en 0,74% in Europa.

Het aandeel van de diensten in de economie van Joegoslavië was 19,8% in de jaren 1970, stonden op de 142e plaats in de wereld.

De toegevoegde waarde van de diensten per hoofd in Joegoslavië was $288,9 in de jaren 1970s, stond op de 86e plaats in de wereld, en was vergelijkbaar met Brazilië (US$290,9), Jordanië (US$286,3), de Cookeilanden (US$284,5). De waarde van de diensten per hoofd in Joegoslavië was 43,0% lager dan de diensten per hoofd van de bevolking in de wereld ($506,9), en was in 3,9 keer lager dan de diensten per hoofd van de bevolking in Europa ($506,9).

De groei van de diensten in Joegoslavië bedroeg 7.6% in de jaren 1970, stond op de 44e plaats in de wereld, en was vergelijkbaar met Trinidad en Tobago (7,5%), Noord-Korea (7,6%). De groei van de diensten in Joegoslavië (7,6%) was groter dan de groei van de diensten in de wereld (4,1%), was groter dan de groei van de diensten in Europa (3,7%).

Vergelijking met buren. De waarde van de diensten in Joegoslavië was groter dan in Roemenië (US$3,9 miljard), in Hongarije (US$2,6 miljard), in Bulgarije (US$1,8 miljard) en in Albanië (US$211,1 miljoen); maar minder dan in Italië (US$66,4 miljard), in Oostenrijk (US$10,0 miljard) en in Griekenland (US$9,0 miljard). De waarde van de diensten per hoofd in Joegoslavië was groter dan in Hongarije (US$246,2), in Bulgarije (US$208,9), in Roemenië (US$183,0) en in Albanië (US$88,5); maar minder dan in Oostenrijk (US$1.318,9), in Italië (US$1.207,9) en in Griekenland (US$998,1). De groei van de diensten in Joegoslavië was groter dan in Bulgarije (7,0%), in Griekenland (5,5%), in Hongarije (5,5%), in Albanië (4,1%), in Oostenrijk (3,9%) en in Italië (3,5%); maar minder dan in Roemenië (9,8%).

Vergelijking met leiders. De sector van de diensten in Joegoslavië was minder dan in de Verenigde Staten (US$674,4 miljard), in de Sovjet-Unie (US$168,3 miljard), in Japan (US$153,8 miljard), in Duitsland (US$150,2 miljard) en in Frankrijk (US$121,8 miljard). De toegevoegde waarde van de diensten per hoofd in Joegoslavië was minder dan in de Verenigde Staten (US$3,1 duizend), in Frankrijk (US$2,3 duizend), in Duitsland (US$1.907,6), in Japan (US$1.381,3) en in de Sovjet-Unie (US$667,3). De groei van de diensten in Joegoslavië was groter dan in Japan (5,9%), in Duitsland (4,8%), in Frankrijk (3,9%), in de Verenigde Staten (3,3%) en in de Sovjet-Unie (0,90%).

de jaren 1980

De toegevoegde waarde van de diensten in Joegoslavië bedroeg in de jaren 1980 US$12,0 miljard per jaar, stond op de 38e plaats in de wereld. Het aandeel in de wereld was 0,22%, en 0,64% in Europa.

Het aandeel van de diensten in de economie van Joegoslavië was 18,7% in de jaren 1980, stond op de 160e plaats in de wereld.

De sector van de diensten per hoofd in Joegoslavië was $528,2 in de jaren 1980s, stond op de 89e plaats in de wereld, en was vergelijkbaar met Ecuador (US$533,0), Micronesië (US$538,7), Jamaica (US$538,8). De sector van de diensten per hoofd in Joegoslavië was in 2,1 keer lager dan de diensten per hoofd van de bevolking in de wereld ($1.115,5), en was in 4,6 keer lager dan de diensten per hoofd van de bevolking in Europa ($1.115,5).

De groei van de diensten in Joegoslavië bedroeg 0.9% in de jaren 1980, stond op de 162e plaats in de wereld. De groei van de diensten in Joegoslavië (0,90%) was minder dan de groei van de diensten in de wereld (3,3%), was minder dan de groei van de diensten in

Europa (3,0%).

Vergelijking met buren. De toegevoegde waarde van de diensten in Joegoslavië was 42,7% groter dan in Roemenië (US$8,4 miljard), 2,0 keer groter dan in Hongarije (US$5,9 miljard), 4,8 keer groter dan in Bulgarije (US$2,5 miljard) en 61,9 keer groter dan in Albanië (US$194,4 miljoen); maar 16,9 keer minder dan in Italië (US$203,1 miljard), 2,4 keer minder dan in Oostenrijk (US$28,8 miljard) en 35,3% minder dan in Griekenland (US$18,6 miljard). De toegevoegde waarde van de diensten per hoofd in Joegoslavië was 44,4% groter dan in Roemenië (US$365,9), 87,6% groter dan in Bulgarije (US$281,5) en 8,0 keer groter dan in Albanië (US$65,8); maar 7,2 keer minder dan in Oostenrijk (US$3,8 duizend), 6,8 keer minder dan in Italië (US$3,6 duizend), 3,5 keer minder dan in Griekenland (US$1.873,7) en 5,7% minder dan in Hongarije (US$559,9). De groei van de diensten in Joegoslavië was minder dan in Hongarije (5,0%), in Bulgarije (4,9%), in Roemenië (3,8%), in Italië (3,3%), in Griekenland (2,6%), in Albanië (2,5%) en in Oostenrijk (2,5%).

Vergelijking met leiders. De diensten van Joegoslavië waren 156,2 keer minder dan in de Verenigde Staten (US$1,9 biljoen), 51,5 keer minder dan in Japan (US$619,9 miljard), 30,1 keer minder dan in Duitsland (US$362,2 miljard), 24,5 keer minder dan in Frankrijk (US$294,5 miljard) en 22,1 keer minder dan in het Verenigd Koninkrijk (US$265,4 miljard). De toegevoegde waarde van de diensten per hoofd in Joegoslavië was 14,9 keer minder dan in de Verenigde Staten (US$7,8 duizend), 9,9 keer minder dan in Frankrijk (US$5,2 duizend), 9,7 keer minder dan in Japan (US$5,1 duizend), 8,9 keer minder dan in het Verenigd Koninkrijk (US$4,7 duizend) en 8,8 keer minder dan in Duitsland (US$4,6 duizend). De groei van de diensten in Joegoslavië was minder dan in Japan (4,8%), in het Verenigd Koninkrijk (3,3%), in Duitsland (3,1%), in de Verenigde Staten (2,8%) en in Frankrijk (2,3%).

Part III. Externe betrekkingen

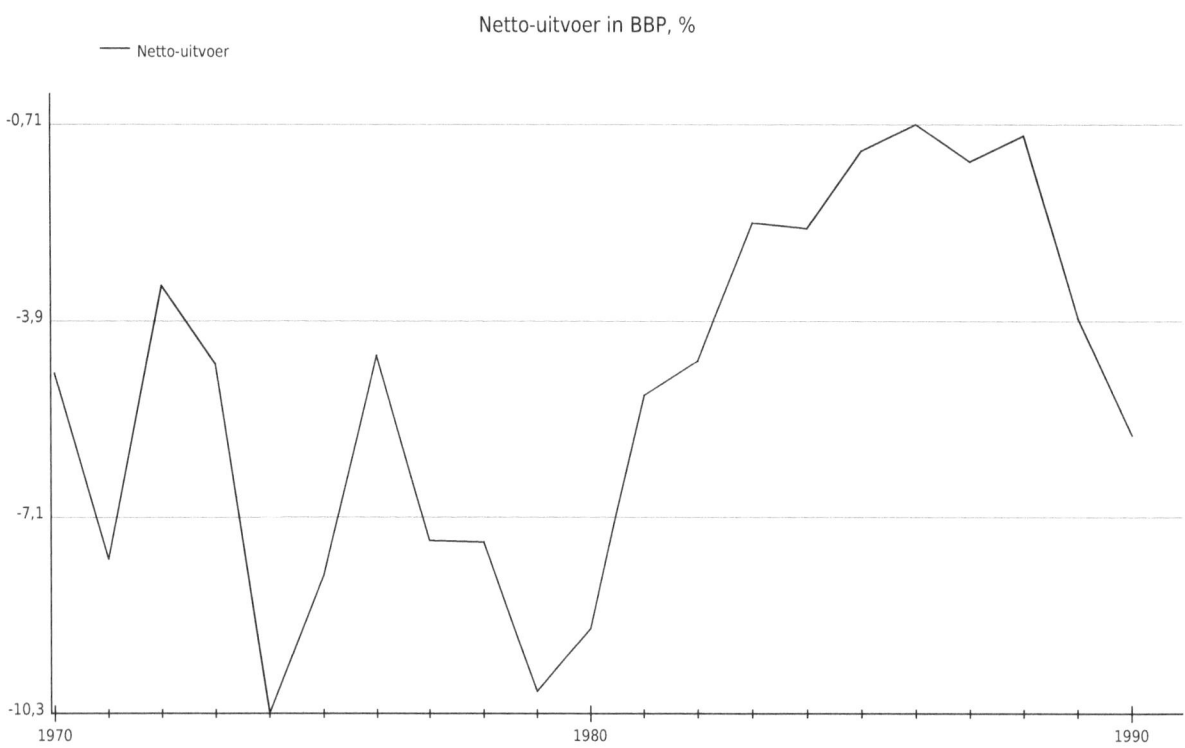

Netto-uitvoer in BBP, %

Hoofdstuk X. Uitvoer

Uitvoer van goederen en diensten

De waarde van de export in Joegoslavië steeg van US$5,7 miljard per jaar in de jaren 1970 tot US$15,3 miljard per jaar in de jaren 1980, dat wil zeggen met US$9,6 miljard of 2,7 keer. De verandering vond plaats op US$5,4 miljard als gevolg van een 1,5-voudige stijging van de prijzen, en ook op US$3,7 miljard als gevolg van een 1,6-voudige toename van het tarief per hoofd , evenals op US$479,0 miljoen als gevolg van de toename van de bevolking. De gemiddelde jaarlijkse groei van de export is 4,2%. De minimumwaarde van de export bedroeg US$2,5 miljard in 1970. De maximumwaarde van de export bedroeg US$21,9 miljard in 1988.

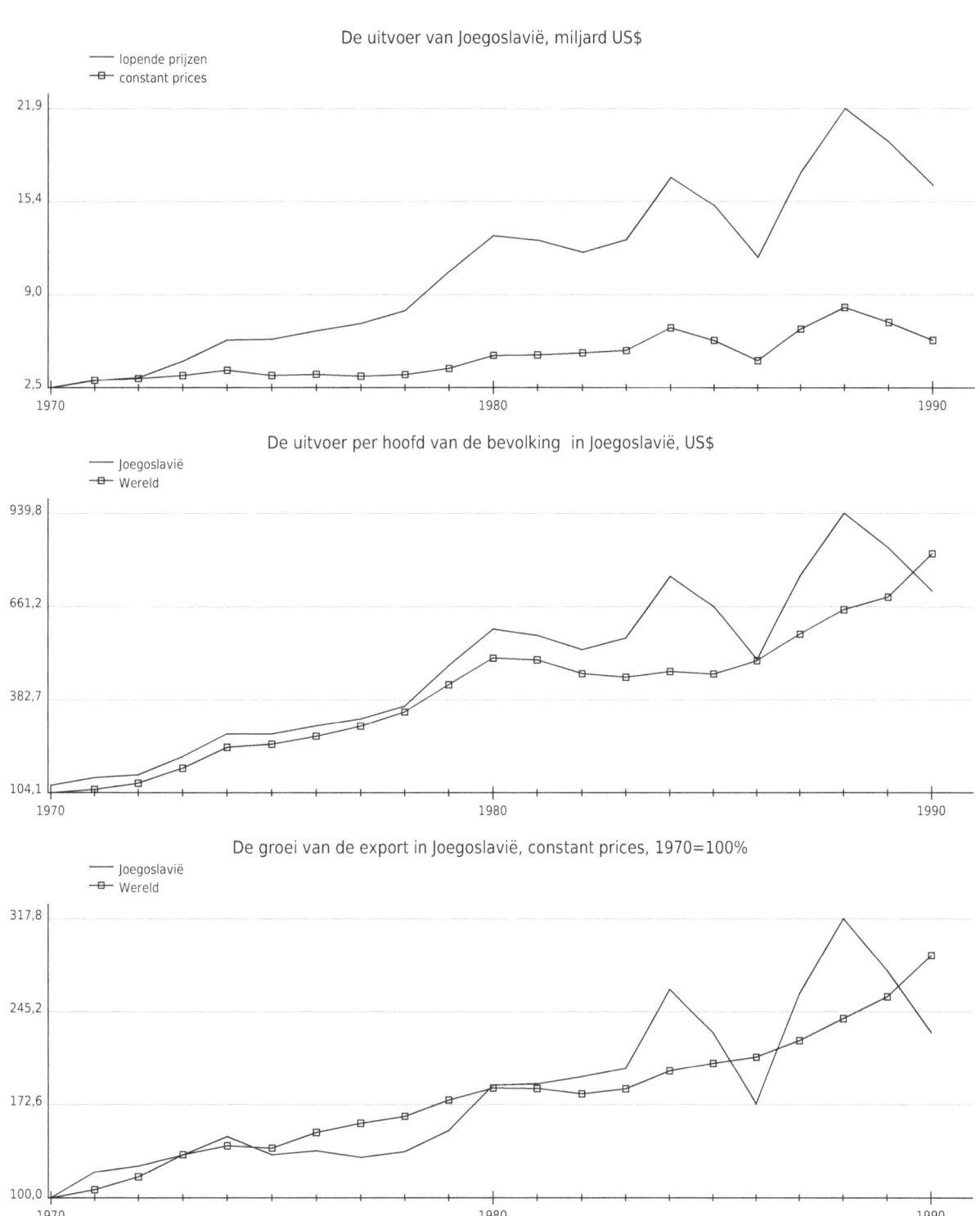

De uitvoer van Joegoslavië, miljard US$

De uitvoer per hoofd van de bevolking in Joegoslavië, US$

De groei van de export in Joegoslavië, constant prices, 1970=100%

Het aandeel van de export in het BBP van Joegoslavië, %

de jaren 1970

De waarde van de export in Joegoslavië bedroeg in de jaren 1970 US$5,7 miljard per jaar, stond op de 35e plaats in de wereld. Het aandeel in de wereld was 0,58%, en 1,2% in Europa.

Het aandeel van de export in het BBP van Joegoslavië was 16,9% in de jaren 1970, stond op de 134e plaats in de wereld.

De uitvoer per hoofd in Joegoslavië was $270,9 in de jaren 1970s, stond op de 89e plaats in de wereld, en was vergelijkbaar met Zambia (US$274,4), de Dominicaanse Republiek (US$274,8), Djibouti (US$265,9). De uitvoer per hoofd in Joegoslavië was 11,9% hoger dan de export per hoofd van de bevolking in de wereld ($242,1), en was in 2,4 keer lager dan de export per hoofd van de bevolking in Europa ($242,1).

De groei van de export in Joegoslavië bedroeg 4.8% in de jaren 1970, stond op de 104e plaats in de wereld. De groei van de export in Joegoslavië (4,8%) was minder dan de groei van de export in de wereld (6,5%), was minder dan de groei van de export in Europa (6,1%).

Vergelijking met buren. De waarde van de export in Joegoslavië was groter dan in Bulgarije (US$4,3 miljard), in Hongarije (US$3,9 miljard), in Griekenland (US$3,8 miljard), in Roemenië (US$3,0 miljard) en in Albanië (US$566,3 miljoen); maar minder dan in Italië (US$42,5 miljard) en in Oostenrijk (US$11,2 miljard). De waarde van de export per hoofd in Joegoslavië was groter dan in Albanië (US$237,2) en in Roemenië (US$139,2); maar minder dan in Oostenrijk (US$1.474,0), in Italië (US$772,3), in Bulgarije (US$491,3), in Griekenland (US$418,4) en in Hongarije (US$366,5). De groei van de export in Joegoslavië was groter dan in Albanië (3,7%); maar minder dan in Roemenië (36,4%), in Griekenland (14,5%), in Hongarije (9,1%), in Italië (8,0%), in Bulgarije (7,0%) en in Oostenrijk (7,0%).

Vergelijking met leiders. De waarde van de export in Joegoslavië was minder dan in de Verenigde Staten (US$128,0 miljard), in Duitsland (US$82,9 miljard), in Frankrijk (US$64,3 miljard), in Japan (US$64,1 miljard) en in het Verenigd Koninkrijk (US$61,3 miljard). De uitvoer per hoofd in Joegoslavië was minder dan in Frankrijk (US$1.199,1), in het Verenigd Koninkrijk (US$1.094,1), in Duitsland (US$1.052,2), in de Verenigde Staten (US$586,5) en in Japan (US$575,8). De groei van de export in Joegoslavië was minder dan in Japan (8,6%), in Frankrijk (7,8%), in de Verenigde Staten (6,8%), in Duitsland (5,1%) en in het Verenigd Koninkrijk (5,0%).

de jaren 1980

De waarde van de export in Joegoslavië bedroeg in de jaren 1980 US$15,3 miljard per jaar, stond op de 31e plaats in de wereld. Het aandeel in de wereld was 0,60%, en 1,3% in Europa.

Het aandeel van de export in het BBP van Joegoslavië was 21,9% in de jaren 1980, stond op de 112e plaats in de wereld.

De waarde van de export per hoofd in Joegoslavië was $673,1 in de jaren 1980s, stond op de 81e plaats in de wereld. De waarde van de export per hoofd in Joegoslavië was 27,0% hoger dan de export per hoofd van de bevolking in de wereld ($529,9), en was in 2,3 keer lager dan de export per hoofd van de bevolking in Europa ($529,9).

De groei van de export in Joegoslavië bedroeg 6.2% in de jaren 1980, stond op de 50e plaats in de wereld. De groei van de export in Joegoslavië (6,2%) was groter dan de groei van de export in de wereld (3,8%), was groter dan de groei van de export in Europa (4,0%).

Vergelijking met buren. De waarde van de export in Joegoslavië was 27,1% groter dan in Roemenië (US$12,1 miljard), 49,6% groter dan in Griekenland (US$10,2 miljard), 85,6% groter dan in Hongarije (US$8,3 miljard), 2,2 keer groter dan in Bulgarije (US$7,0 miljard) en 35,7 keer groter dan in Albanië (US$429,9 miljoen); maar 7,5 keer minder dan in Italië (US$115,1 miljard) en 49,2% minder dan in Oostenrijk (US$30,2 miljard). De uitvoer per hoofd in Joegoslavië was 28,6% groter dan in Roemenië (US$523,2) en 4,6 keer groter dan in Albanië (US$145,4); maar 5,9 keer minder dan in Oostenrijk (US$4,0 duizend), 3,0 keer minder dan in Italië (US$2,0 duizend), 34,8% minder dan in Griekenland (US$1.032,5), 13,8% minder dan in Bulgarije (US$781,2) en 13,7% minder dan in Hongarije (US$779,9). De groei van de export in Joegoslavië was groter dan in Oostenrijk (4,5%), in Hongarije (3,8%), in Italië (3,1%), in Griekenland (2,8%), in Roemenië (2,8%), in Bulgarije (1,9%) en in Albanië (0,57%).

Vergelijking met leiders. De uitvoer van Joegoslavië was 22,1 keer minder dan in de Verenigde Staten (US$338,6 miljard), 13,7 keer minder dan in Japan (US$210,6 miljard), 13,6 keer minder dan in Duitsland (US$208,1 miljard), 10,2 keer minder dan in Frankrijk (US$155,9 miljard) en 10,1 keer minder dan in het Verenigd Koninkrijk (US$155,0 miljard). De uitvoer per hoofd in Joegoslavië was 4,1 keer minder dan in Frankrijk (US$2,8 duizend), 4,1 keer minder dan in het Verenigd Koninkrijk (US$2,7 duizend), 4,0 keer minder dan in Duitsland (US$2,7 duizend), 2,6 keer minder dan in Japan (US$1.736,5) en 2,1 keer minder dan in de Verenigde Staten (US$1.413,8). De groei van de export in Joegoslavië was groter dan in de Verenigde Staten (5,7%), in Duitsland (4,7%), in Frankrijk (4,0%) en in het Verenigd Koninkrijk (3,0%); maar minder dan in Japan (6,7%).

Hoofdstuk XI. Invoer

Invoer van goederen en diensten

De waarde van de invoer in Joegoslavië steeg van US$8,2 miljard per jaar in de jaren 1970 tot US$17,5 miljard per jaar in de jaren 1980, dat wil zeggen met US$9,3 miljard of 2,1 keer. De verandering vond plaats op US$5,9 miljard als gevolg van een 1,5-voudige stijging van de prijzen, en ook op US$2,7 miljard als gevolg van een 1,3-voudige toename van het tarief per hoofd , evenals op US$690,6 miljoen als gevolg van de toename van de bevolking. De gemiddelde jaarlijkse groei van de invoer is 4,1%. De minimumwaarde van de invoer bedroeg US$3,2 miljard in 1970. De maximumwaarde van de invoer bedroeg US$22,5 miljard in 1988.

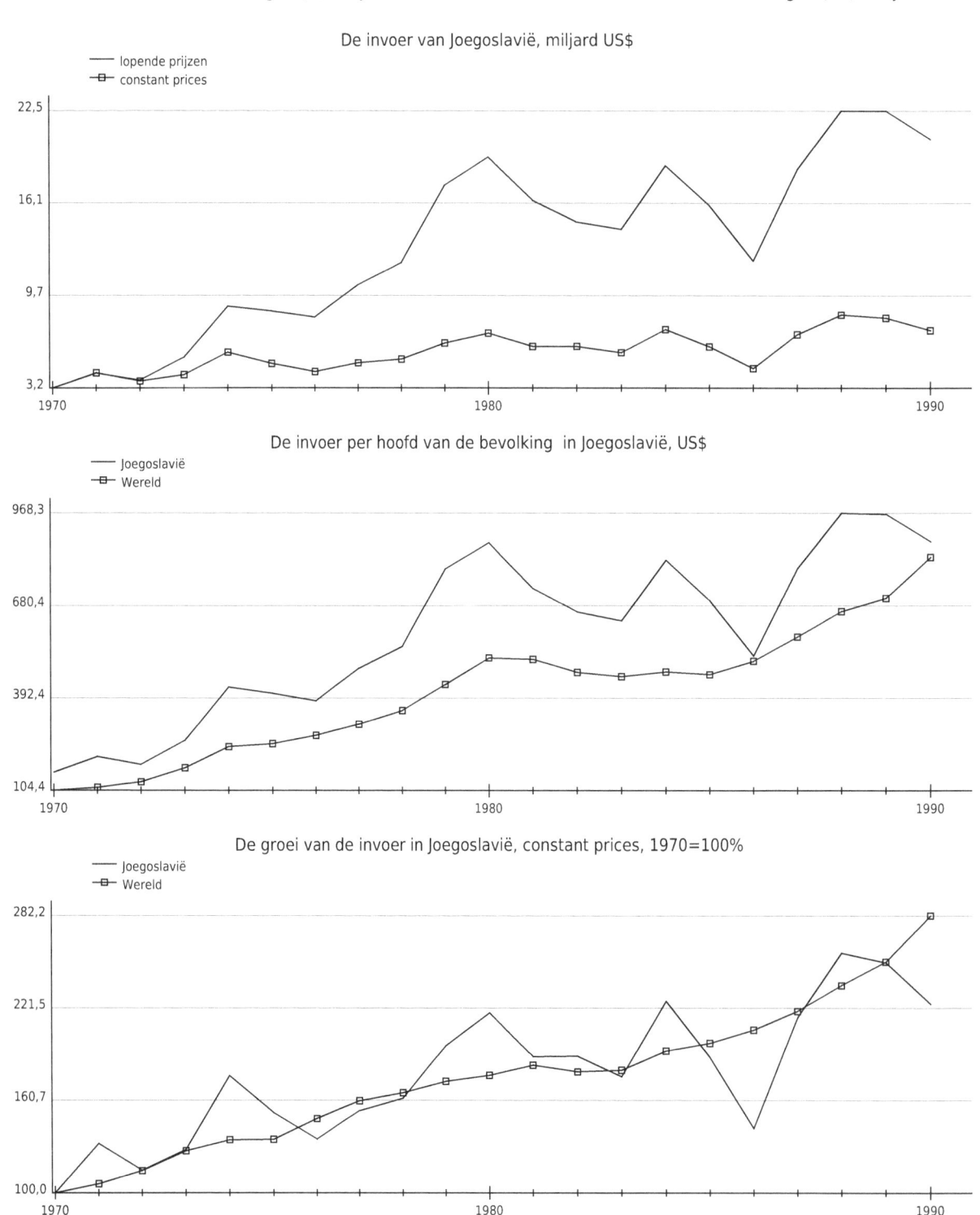

De invoer van Joegoslavië, miljard US$

De invoer per hoofd van de bevolking in Joegoslavië, US$

De groei van de invoer in Joegoslavië, constant prices, 1970=100%

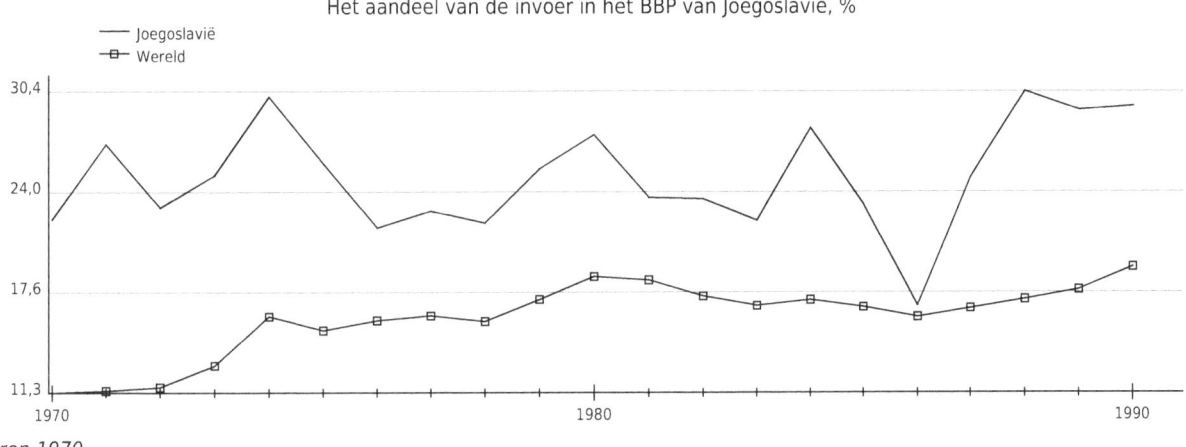

Het aandeel van de invoer in het BBP van Joegoslavië, %

de jaren 1970

De invoer van Joegoslavië bedroeg in de jaren 1970 US$8,2 miljard per jaar, stond op de 25e plaats in de wereld. Het aandeel in de wereld was 0,83%, en 1,7% in Europa.

Het aandeel van de invoer in het BBP van Joegoslavië was 24,3% in de jaren 1970, stond op de 129e plaats in de wereld, en was vergelijkbaar met Peru (24,5%), Iran (24,5%), Malawi (24,1%).

De waarde van de invoer per hoofd in Joegoslavië was $390,6 in de jaren 1970s, stond op de 81e plaats in de wereld, en was vergelijkbaar met Hongarije (US$385,9), Melanesië (US$383,9), Mauritius (US$382,5). De invoer per hoofd in Joegoslavië was 59,8% hoger dan de invoer per hoofd van de bevolking in de wereld ($244,3), en was 41,9% lager dan de invoer per hoofd van de bevolking in Europa ($244,3).

De groei van de invoer in Joegoslavië bedroeg 7.8% in de jaren 1970, stond op de 58e plaats in de wereld, en was vergelijkbaar met Gambia (7,8%), Ierland (7,8%), Griekenland (7,8%). De groei van de invoer in Joegoslavië (7,8%) was groter dan de groei van de invoer in de wereld (6,3%), was groter dan de groei van de invoer in Europa (5,4%).

Vergelijking met buren. De waarde van de invoer in Joegoslavië was groter dan in Griekenland (US$5,7 miljard), in Bulgarije (US$4,4 miljard), in Hongarije (US$4,1 miljard), in Roemenië (US$3,4 miljard) en in Albanië (US$562,8 miljoen); maar minder dan in Italië (US$42,2 miljard) en in Oostenrijk (US$11,8 miljard). De waarde van de invoer per hoofd in Joegoslavië was groter dan in Hongarije (US$385,9), in Albanië (US$235,8) en in Roemenië (US$156,6); maar minder dan in Oostenrijk (US$1.557,0), in Italië (US$767,8), in Griekenland (US$626,8) en in Bulgarije (US$501,0). De groei van de invoer in Joegoslavië was groter dan in Oostenrijk (7,1%), in Bulgarije (6,5%), in Hongarije (6,5%), in Italië (4,6%) en in Albanië (4,2%); maar minder dan in Roemenië (36,8%) en in Griekenland (7,8%).

Vergelijking met leiders. De waarde van de invoer in Joegoslavië was minder dan in de Verenigde Staten (US$133,2 miljard), in Duitsland (US$92,5 miljard), in Frankrijk (US$63,3 miljard), in het Verenigd Koninkrijk (US$62,4 miljard) en in Japan (US$61,0 miljard). De invoer per hoofd in Joegoslavië was minder dan in Frankrijk (US$1.181,1), in Duitsland (US$1.175,1), in het Verenigd Koninkrijk (US$1.113,2), in de Verenigde Staten (US$610,4) en in Japan (US$547,6). De groei van de invoer in Joegoslavië was groter dan in Frankrijk (7,2%), in Japan (7,0%), in Duitsland (5,6%), in de Verenigde Staten (5,1%) en in het Verenigd Koninkrijk (4,5%).

de jaren 1980

De invoer van Joegoslavië bedroeg in de jaren 1980 US$17,5 miljard per jaar, stond op de 29e plaats in de wereld. Het aandeel in de wereld was 0,67%, en 1,5% in Europa.

Het aandeel van de invoer in het BBP van Joegoslavië was 25,0% in de jaren 1980, stond op de 121e plaats in de wereld, en was vergelijkbaar met Zuidelijk Afrika (25,2%), het Verenigd Koninkrijk (25,3%).

De invoer per hoofd in Joegoslavië was $768,1 in de jaren 1980s, stond op de 85e plaats in de wereld, en was vergelijkbaar met Venezuela (US$780,0). De invoer per hoofd in Joegoslavië was 42,5% hoger dan de invoer per hoofd van de bevolking in de wereld ($539,1), en was in 2,0 keer lager dan de invoer per hoofd van de bevolking in Europa ($539,1).

De groei van de invoer in Joegoslavië bedroeg 2.5% in de jaren 1980, stond op de 104e plaats in de wereld, en was vergelijkbaar met Melanesië (2,5%), Noorwegen (2,5%). De groei van de invoer in Joegoslavië (2,5%) was minder dan de groei van de invoer in de wereld (3,8%), was minder dan de groei van de invoer in Europa (4,1%).

Vergelijking met buren. De waarde van de invoer in Joegoslavië was 21,4% groter dan in Griekenland (US$14,4 miljard), 96,4% groter dan in Roemenië (US$8,9 miljard), 2,3 keer groter dan in Hongarije (US$7,7 miljard), 2,3 keer groter dan in Bulgarije (US$7,5 miljard) en 38,7 keer groter dan in Albanië (US$452,4 miljoen); maar 6,7 keer minder dan in Italië (US$116,7 miljard) en 43,6% minder dan in Oostenrijk (US$31,0 miljard). De waarde van de invoer per hoofd in Joegoslavië was 6,0% groter dan in Hongarije (US$724,8), 98,8% groter dan in Roemenië (US$386,5) en 5,0 keer groter dan in Albanië (US$153,1); maar 5,3 keer minder dan in Oostenrijk (US$4,1 duizend), 2,7 keer minder dan in Italië (US$2,1 duizend), 47,1% minder dan in Griekenland (US$1.451,8) en 8,1% minder dan in Bulgarije (US$835,7). De groei van de invoer in Joegoslavië was groter dan in Albanië (1,9%), in Hongarije (1,4%) en in Roemenië (0,12%); maar minder dan in Griekenland (5,1%), in Italië (4,9%), in Oostenrijk (3,7%) en in Bulgarije (2,8%).

Vergelijking met leiders. De invoer van Joegoslavië was 23,9 keer minder dan in de Verenigde Staten (US$417,2 miljard), 12,9 keer minder dan in Duitsland (US$225,6 miljard), 10,1 keer minder dan in Japan (US$175,9 miljard), 9,3 keer minder dan in Frankrijk (US$162,0 miljard) en 9,0 keer minder dan in het Verenigd Koninkrijk (US$157,7 miljard). De waarde van de invoer per hoofd in Joegoslavië was 3,8 keer minder dan in Duitsland (US$2,9 duizend), 3,7 keer minder dan in Frankrijk (US$2,9 duizend), 3,6 keer minder dan in het Verenigd Koninkrijk (US$2,8 duizend), 2,3 keer minder dan in de Verenigde Staten (US$1.742,4) en 47,0% minder dan in Japan (US$1.450,4). De groei van de invoer in Joegoslavië was minder dan in de Verenigde Staten (5,8%), in het Verenigd Koninkrijk (5,1%), in Japan (4,6%), in Frankrijk (4,3%) en in Duitsland (3,3%).

Part IV. Verbruik

Hoofdstuk XII. Overheidsuitgaven

Consumptie-uitgaven van de overheid

De overheidsuitgaven van Joegoslavië steeg van US$5,7 miljard per jaar in de jaren 1970 tot US$10,4 miljard per jaar in de jaren 1980, dat wil zeggen met US$4,7 miljard of 81,5%. De verandering vond plaats op US$3,4 miljard als gevolg van een 1,5-voudige stijging van de prijzen, en ook op US$828,6 miljoen als gevolg van een 1,1-voudige toename van het tarief per hoofd , evenals op US$481,7 miljoen als gevolg van de toename van de bevolking. De gemiddelde jaarlijkse groei van de overheidsuitgaven is 2,9%. De minimumwaarde van de overheidsuitgaven bedroeg US$2,4 miljard in 1970. De maximumwaarde van de overheidsuitgaven bedroeg US$12,3 miljard in 1990.

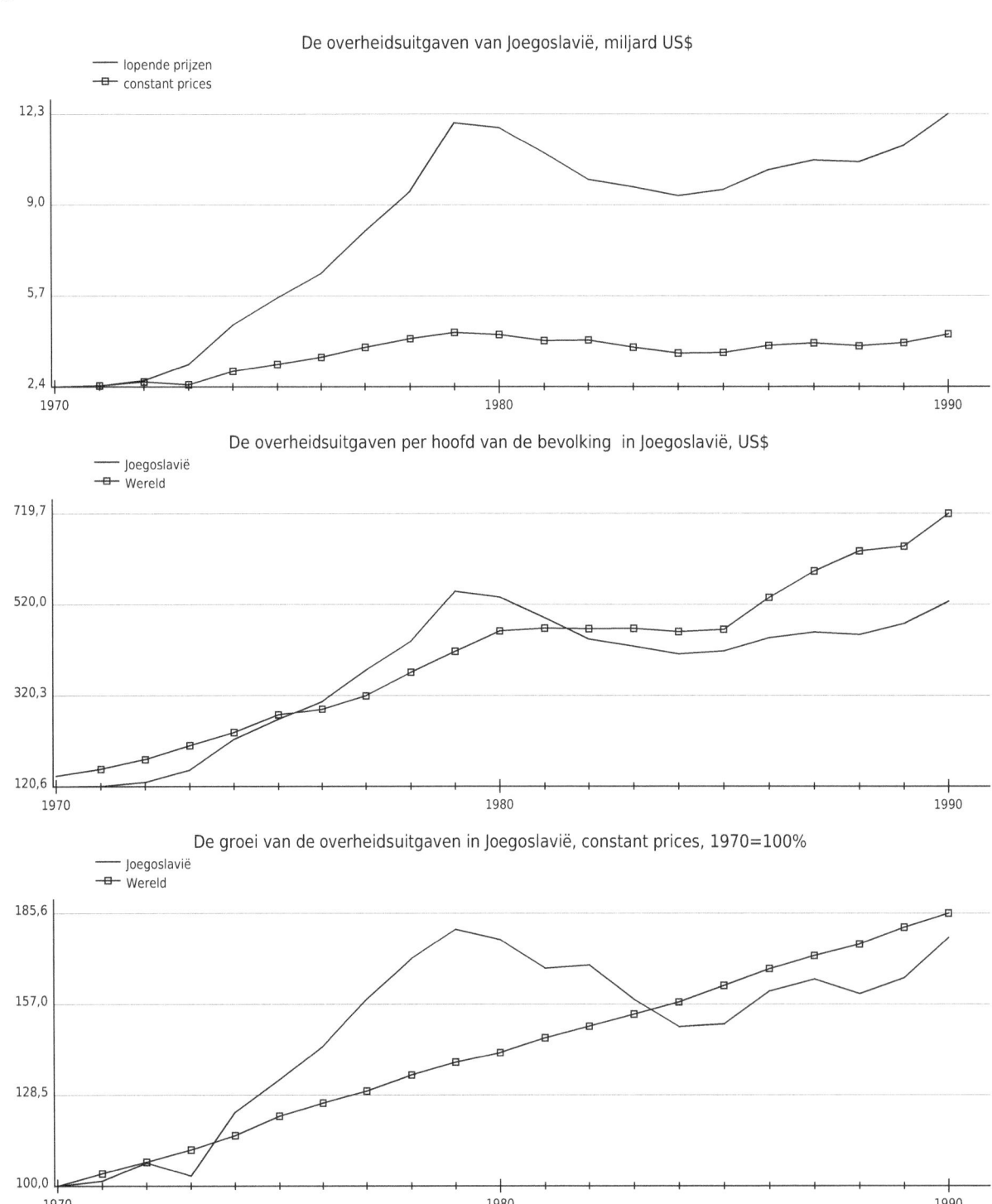

De overheidsuitgaven van Joegoslavië, miljard US$

De overheidsuitgaven per hoofd van de bevolking in Joegoslavië, US$

De groei van de overheidsuitgaven in Joegoslavië, constant prices, 1970=100%

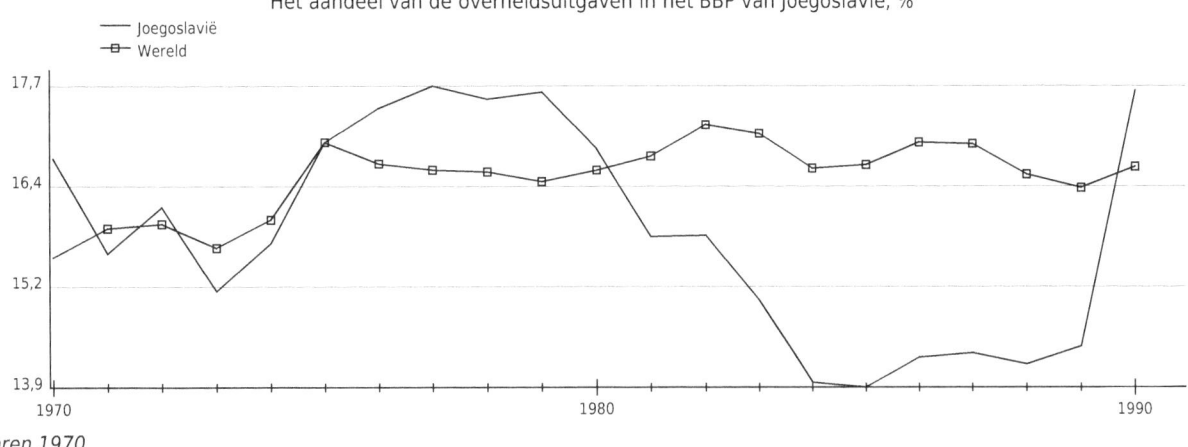

Het aandeel van de overheidsuitgaven in het BBP van Joegoslavië, %

de jaren 1970

De overheidsuitgaven van Joegoslavië bedroeg in de jaren 1970 US$5,7 miljard per jaar, stond op de 26e plaats in de wereld, en was vergelijkbaar met Noorwegen (US$5,6 miljard). Het aandeel in de wereld was 0,53%, en 1,2% in Europa.

Het aandeel van de overheidsuitgaven in het BBP van Joegoslavië was 17,0% in de jaren 1970, stond op de 74e plaats in de wereld, en was vergelijkbaar met Peru (17,0%), Puerto Rico (16,9%), Oceanië (17,1%).

De overheidsuitgaven per hoofd in Joegoslavië was $272,4 in de jaren 1970s, stond op de 62e plaats in de wereld. De overheidsuitgaven per hoofd in Joegoslavië was 2,7% hoger dan de overheidsuitgaven per hoofd van de bevolking in de wereld ($265,2), en was in 2,5 keer lager dan de overheidsuitgaven per hoofd van de bevolking in Europa ($265,2).

De groei van de overheidsuitgaven in Joegoslavië bedroeg 6.8% in de jaren 1970, stond op de 69e plaats in de wereld, en was vergelijkbaar met Ethiopië (6,7%), Groenland (6,8%), West-Afrika (6,8%). De groei van de overheidsuitgaven in Joegoslavië (6,8%) was groter dan de groei van de overheidsuitgaven in de wereld (3,7%), was groter dan de groei van de overheidsuitgaven in Europa (4,5%).

Vergelijking met buren. De overheidsuitgaven van Joegoslavië was groter dan in Griekenland (US$4,1 miljard), in Roemenië (US$4,0 miljard), in Hongarije (US$2,4 miljard), in Bulgarije (US$682,8 miljoen) en in Albanië (US$229,3 miljoen); maar minder dan in Italië (US$34,9 miljard) en in Oostenrijk (US$6,4 miljard). De overheidsuitgaven per hoofd in Joegoslavië was groter dan in Hongarije (US$225,3), in Roemenië (US$185,4), in Albanië (US$96,1) en in Bulgarije (US$78,5); maar minder dan in Oostenrijk (US$847,4), in Italië (US$634,2) en in Griekenland (US$454,9). De groei van de overheidsuitgaven in Joegoslavië was groter dan in Hongarije (5,2%), in Albanië (3,9%), in Italië (3,8%) en in Oostenrijk (3,6%); maar minder dan in Roemenië (10,6%), in Bulgarije (7,3%) en in Griekenland (6,9%).

Vergelijking met leiders. De overheidsuitgaven van Joegoslavië was minder dan in de Verenigde Staten (US$285,9 miljard), in de Sovjet-Unie (US$117,3 miljard), in Duitsland (US$95,6 miljard), in Japan (US$78,0 miljard) en in Frankrijk (US$64,5 miljard). De overheidsuitgaven per hoofd in Joegoslavië was minder dan in de Verenigde Staten (US$1.310,2), in Duitsland (US$1.213,7), in Frankrijk (US$1.202,3), in Japan (US$700,2) en in de Sovjet-Unie (US$465,0). De groei van de overheidsuitgaven in Joegoslavië was groter dan in Japan (5,3%), in Frankrijk (5,0%), in Duitsland (4,4%) en in de Verenigde Staten (0,94%); maar minder dan in de Sovjet-Unie (7,2%).

de jaren 1980

De overheidsuitgaven van Joegoslavië bedroeg in de jaren 1980 US$10,4 miljard per jaar, stond op de 32e plaats in de wereld, en was vergelijkbaar met Griekenland (US$10,3 miljard), Israël (US$10,6 miljard). Het aandeel in de wereld was 0,41%, en 0,96% in Europa.

Het aandeel van de overheidsuitgaven in het BBP van Joegoslavië was 14,9% in de jaren 1980, stond op de 114e plaats in de wereld, en was vergelijkbaar met Jamaica (14,9%), Congo-Kinshasa (14,9%), Marokko (14,8%).

De overheidsuitgaven per hoofd in Joegoslavië was $456,1 in de jaren 1980s, stond op de 69e plaats in de wereld, en was vergelijkbaar met de Caraïben (US$464,4). De overheidsuitgaven per hoofd in Joegoslavië was 12,9% lager dan de overheidsuitgaven per hoofd van de bevolking in de wereld ($523,5), en was in 3,1 keer lager dan de overheidsuitgaven per hoofd van de bevolking in Europa ($523,5).

De groei van de overheidsuitgaven in Joegoslavië bedroeg -0.9% in de jaren 1980, stond op de 169e plaats in de wereld. De groei van de overheidsuitgaven in Joegoslavië (-0,88%) was minder dan de groei van de overheidsuitgaven in de wereld (2,7%), was minder dan de groei van de overheidsuitgaven in Europa (2,3%).

Vergelijking met buren. De overheidsuitgaven van Joegoslavië was 0,66% groter dan in Griekenland (US$10,3 miljard), 87,1% groter dan in Hongarije (US$5,6 miljard), 92,8% groter dan in Roemenië (US$5,4 miljard), 8,6 keer groter dan in Bulgarije (US$1,2 miljard) en 46,6 keer groter dan in Albanië (US$223,1 miljoen); maar 10,5 keer minder dan in Italië (US$108,8 miljard) en 38,8% minder dan in Oostenrijk (US$17,0 miljard). De overheidsuitgaven per hoofd in Joegoslavië was 95,1% groter dan in Roemenië (US$233,7), 3,4 keer groter dan in Bulgarije (US$135,6) en 6,0 keer groter dan in Albanië (US$75,5); maar 4,9 keer minder dan in Oostenrijk (US$2,2 duizend), 4,2 keer minder dan in Italië (US$1.914,6), 2,3 keer minder dan in Griekenland (US$1.040,0) en 13,0% minder dan in Hongarije (US$524,3). De groei van de overheidsuitgaven in Joegoslavië was groter dan in Roemenië (-3,3%); maar minder dan in Bulgarije (4,7%), in Italië (2,9%), in Albanië (2,5%), in Hongarije (1,9%), in Oostenrijk (1,6%) en in Griekenland (1,3%).

Vergelijking met leiders. De overheidsuitgaven van Joegoslavië was 64,0 keer minder dan in de Verenigde Staten (US$665,3 miljard), 24,8 keer minder dan in Japan (US$257,4 miljard), 19,6 keer minder dan in Duitsland (US$203,7 miljard), 17,4 keer minder dan in de Sovjet-Unie (US$181,1 miljard) en 15,4 keer minder dan in Frankrijk (US$159,8 miljard). De overheidsuitgaven per hoofd in Joegoslavië was 6,2 keer minder dan in Frankrijk (US$2,8 duizend), 6,1 keer minder dan in de Verenigde Staten (US$2,8 duizend), 5,7 keer minder dan in Duitsland (US$2,6 duizend), 4,7 keer minder dan in Japan (US$2,1 duizend) en 30,7% minder dan in de Sovjet-Unie (US$658,0). De groei van de overheidsuitgaven in Joegoslavië was minder dan in de Sovjet-Unie (5,4%), in Japan (3,5%), in Frankrijk (2,8%), in de Verenigde Staten (2,6%) en in Duitsland (0,98%).

Hoofdstuk XIII. Huishoudelijke uitgaven

Consumptieve bestedingen van de huishoudens

De huishoudelijke uitgaven van Joegoslavië steeg van US$17,5 miljard per jaar in de jaren 1970 tot US$35,2 miljard per jaar in de jaren 1980, dat wil zeggen met US$17,7 miljard of 2,0 keer. De verandering vond plaats op US$11,7 miljard als gevolg van een 1,5-voudige stijging van de prijzen, en ook op US$4,5 miljard als gevolg van een 1,2-voudige toename van het tarief per hoofd , evenals op US$1,5 miljard als gevolg van de toename van de bevolking. De gemiddelde jaarlijkse groei van de huishoudelijke uitgaven is 3,9%. De minimumwaarde van de huishoudelijke uitgaven bedroeg US$7,6 miljard in 1970. De maximumwaarde van de huishoudelijke uitgaven bedroeg US$46,2 miljard in 1990.

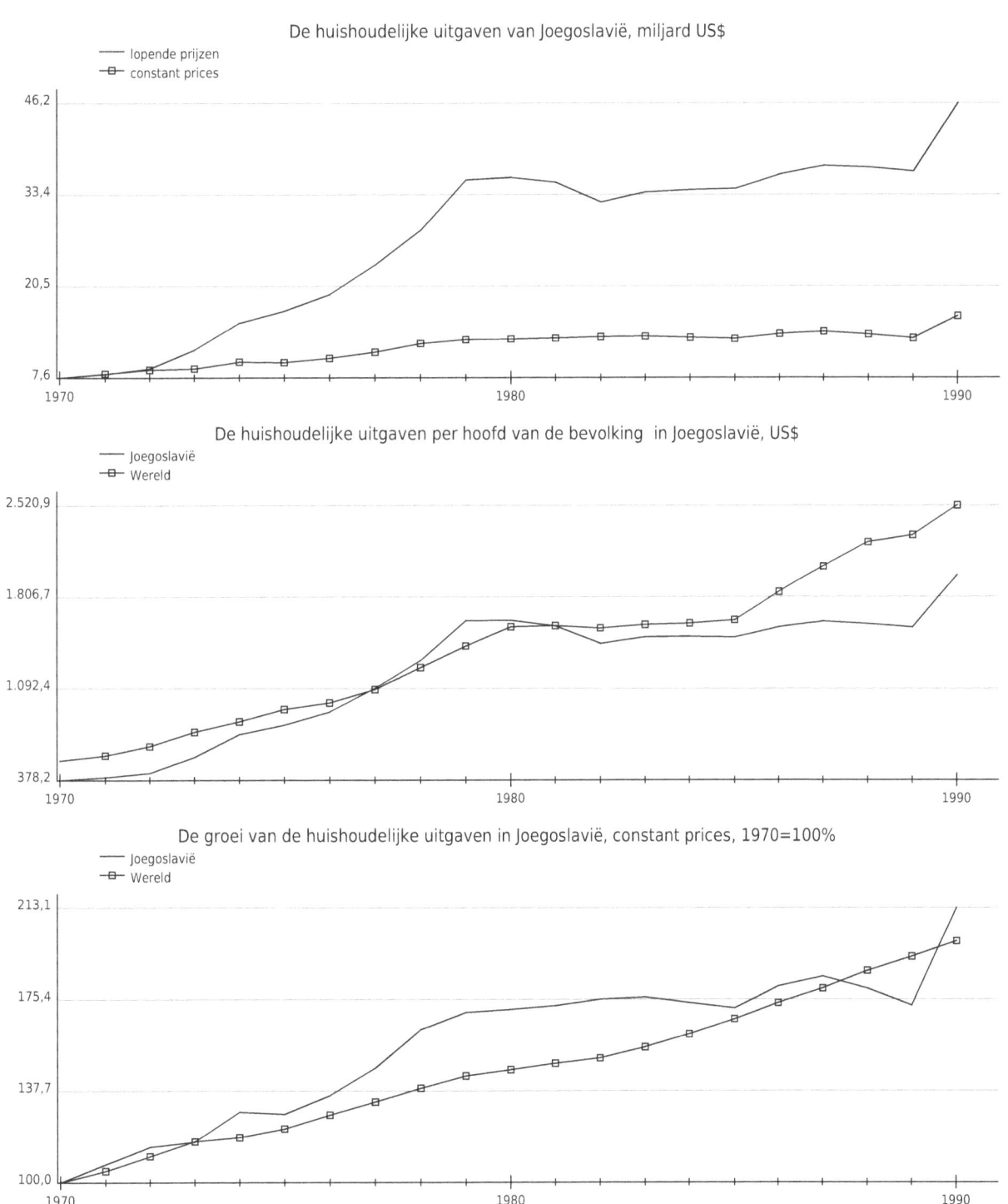

De huishoudelijke uitgaven van Joegoslavië, miljard US$

De huishoudelijke uitgaven per hoofd van de bevolking in Joegoslavië, US$

De groei van de huishoudelijke uitgaven in Joegoslavië, constant prices, 1970=100%

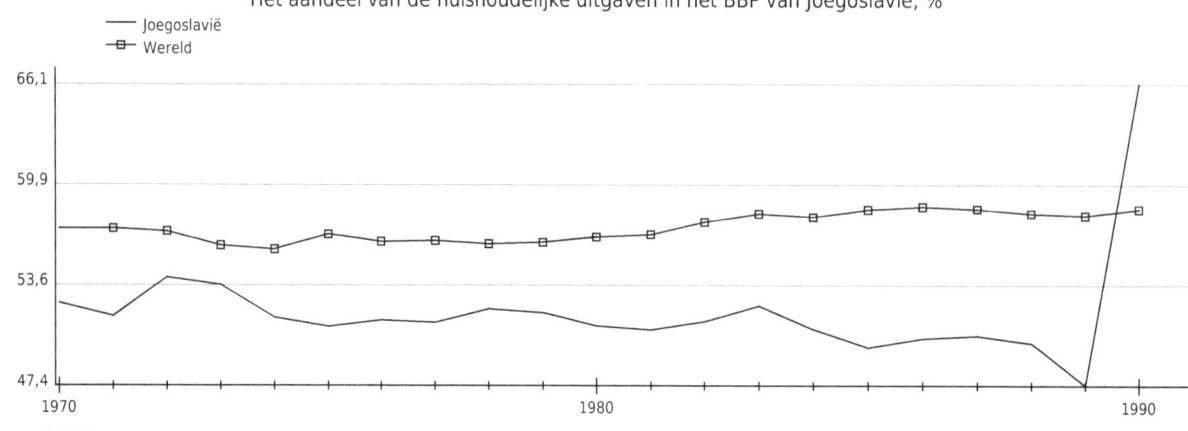

Het aandeel van de huishoudelijke uitgaven in het BBP van Joegoslavië, %

de jaren 1970

De huishoudelijke uitgaven van Joegoslavië bedroeg in de jaren 1970 US$17,5 miljard per jaar, stond op de 27e plaats in de wereld, en was vergelijkbaar met Zuid-Korea (US$17,4 miljard). Het aandeel in de wereld was 0,47%, en 1,2% in Europa.

Het aandeel van de huishoudelijke uitgaven in het BBP van Joegoslavië was 52,0% in de jaren 1970, stond op de 148e plaats in de wereld, en was vergelijkbaar met de Nederland (52,4%), Melanesië (51,5%).

De huishoudelijke uitgaven per hoofd in Joegoslavië was $834,0 in de jaren 1970s, stond op de 70e plaats in de wereld, en was vergelijkbaar met Gambia (US$842,9), Venezuela (US$845,8), Jamaica (US$851,3). De huishoudelijke uitgaven per hoofd in Joegoslavië was 8,8% lager dan de huishoudelijke uitgaven per hoofd van de bevolking in de wereld ($914,8), en was in 2,4 keer lager dan de huishoudelijke uitgaven per hoofd van de bevolking in Europa ($914,8).

De groei van de huishoudelijke uitgaven in Joegoslavië bedroeg 6.1% in de jaren 1970, stond op de 54e plaats in de wereld, en was vergelijkbaar met Zuidoost-Azië (6,0%). De groei van de huishoudelijke uitgaven in Joegoslavië (6,1%) was groter dan de groei van de huishoudelijke uitgaven in de wereld (4,1%), was groter dan de groei van de huishoudelijke uitgaven in Europa (3,7%).

Vergelijking met buren. De huishoudelijke uitgaven van Joegoslavië was groter dan in Griekenland (US$16,7 miljard), in Roemenië (US$11,7 miljard), in Bulgarije (US$7,1 miljard), in Hongarije (US$6,1 miljard) en in Albanië (US$1,5 miljard); maar minder dan in Italië (US$128,5 miljard) en in Oostenrijk (US$21,9 miljard). De huishoudelijke uitgaven per hoofd in Joegoslavië was groter dan in Bulgarije (US$813,5), in Albanië (US$613,1), in Hongarije (US$577,0) en in Roemenië (US$545,0); maar minder dan in Oostenrijk (US$2,9 duizend), in Italië (US$2,3 duizend) en in Griekenland (US$1.854,9). De groei van de huishoudelijke uitgaven in Joegoslavië was groter dan in Griekenland (5,8%), in Oostenrijk (4,2%), in Albanië (3,9%), in Hongarije (3,9%) en in Italië (3,7%); maar minder dan in Roemenië (8,6%) en in Bulgarije (7,0%).

Vergelijking met leiders. De huishoudelijke uitgaven van Joegoslavië was minder dan in de Verenigde Staten (US$1,0 biljoen), in de Sovjet-Unie (US$310,6 miljard), in Japan (US$280,9 miljard), in Duitsland (US$277,8 miljard) en in Frankrijk (US$180,7 miljard). De huishoudelijke uitgaven per hoofd in Joegoslavië was minder dan in de Verenigde Staten (US$4,7 duizend), in Duitsland (US$3,5 duizend), in Frankrijk (US$3,4 duizend), in Japan (US$2,5 duizend) en in de Sovjet-Unie (US$1.231,6). De groei van de huishoudelijke uitgaven in Joegoslavië was groter dan in Japan (5,1%), in de Sovjet-Unie (4,7%), in Frankrijk (4,0%), in de Verenigde Staten (3,6%) en in Duitsland (3,6%).

de jaren 1980

De huishoudelijke uitgaven van Joegoslavië bedroeg in de jaren 1980 US$35,2 miljard per jaar, stond op de 34e plaats in de wereld. Het aandeel in de wereld was 0,40%, en 1,2% in Europa.

Het aandeel van de huishoudelijke uitgaven in het BBP van Joegoslavië was 50,4% in de jaren 1980, stond op de 158e plaats in de wereld, en was vergelijkbaar met Maleisië (50,7%), Afrika (50,1%), Zuidwest-Azië (50,0%).

De huishoudelijke uitgaven per hoofd in Joegoslavië was $1.547,8 in de jaren 1980s, stond op de 70e plaats in de wereld, en was vergelijkbaar met de Sovjet-Unie (US$1.542,8), Centraal-Amerika (US$1.577,4), de Caraïben (US$1.517,8). De huishoudelijke uitgaven per hoofd in Joegoslavië was 14,4% lager dan de huishoudelijke uitgaven per hoofd van de bevolking in de wereld ($1.808,0), en was in 2,6 keer lager dan de huishoudelijke uitgaven per hoofd van de bevolking in Europa ($1.808,0).

De groei van de huishoudelijke uitgaven in Joegoslavië bedroeg 0.2% in de jaren 1980, stond op de 163e plaats in de wereld. De groei van de huishoudelijke uitgaven in Joegoslavië (0,17%) was minder dan de groei van de huishoudelijke uitgaven in de wereld (3,0%), was minder dan de groei van de huishoudelijke uitgaven in Europa (2,3%).

Vergelijking met buren. De huishoudelijke uitgaven van Joegoslavië was 27,2% groter dan in Roemenië (US$27,7 miljard), 2,6 keer groter dan in Hongarije (US$13,5 miljard), 3,5 keer groter dan in Bulgarije (US$10,1 miljard) en 24,3 keer groter dan in Albanië (US$1,4 miljard); maar 9,9 keer minder dan in Italië (US$350,7 miljard), 33,0% minder dan in Oostenrijk (US$52,6 miljard) en 3,5% minder dan in Griekenland (US$36,5 miljard). De huishoudelijke uitgaven per hoofd in Joegoslavië was 21,6% groter dan in Hongarije (US$1.273,1), 28,7% groter dan in Roemenië (US$1.202,3), 36,7% groter dan in Bulgarije (US$1.132,3) en 3,2 keer groter dan in Albanië (US$490,3); maar 4,5 keer minder dan in Oostenrijk (US$6,9 duizend), 4,0 keer minder dan in Italië (US$6,2 duizend) en 2,4 keer minder dan in Griekenland (US$3,7 duizend). De groei van de huishoudelijke uitgaven in Joegoslavië was minder dan in Bulgarije (3,5%), in Albanië (3,4%), in Italië (3,0%), in Roemenië (2,2%), in Oostenrijk (2,1%), in Griekenland (1,9%) en in Hongarije (0,91%).

Vergelijking met leiders. De huishoudelijke uitgaven van Joegoslavië was 74,1 keer minder dan in de Verenigde Staten (US$2,6 biljoen), 26,8 keer minder dan in Japan (US$945,6 miljard), 16,3 keer minder dan in Duitsland (US$575,7 miljard), 12,0 keer minder dan in de Sovjet-Unie (US$424,6 miljard) en 11,8 keer minder dan in het Verenigd Koninkrijk (US$416,5 miljard). De huishoudelijke uitgaven per hoofd in Joegoslavië was 0,32% groter dan in de Sovjet-Unie (US$1.542,8); maar 7,0 keer minder dan in de Verenigde Staten (US$10,9 duizend), 5,0 keer minder dan in Japan (US$7,8 duizend), 4,8 keer minder dan in Duitsland (US$7,4 duizend) en 4,8 keer minder dan in het Verenigd Koninkrijk (US$7,4 duizend). De groei van de huishoudelijke uitgaven in Joegoslavië was minder dan in Japan (3,7%), in het Verenigd Koninkrijk (3,5%), in de Verenigde Staten (3,2%), in de Sovjet-Unie (3,0%) en in Duitsland (1,8%).

Hoofdstuk XIV. Voedsel consumptie

Tijdens de onderzoeksperiode groeide de voedselconsumptie in plantaardige oliën (met 30,7%), vlees (met 23,3%), vis (met 19,0%), suiker (met 15,2%), eieren (met 15,1%), melk (met 13,2%), alcoholische dranken (met 11,5%), maar daalde in groenten (met 2,1%), granen (met 3,7%), noten (met 5,9%), fruit (met 12,2%), stimulerende middelen (met 15,1%), zetmeelrijke wortels (met 18,9%), peulvruchten (met 33,4%), specerijen (met 34,8%).

de jaren 1970

De consumptie van kcal in Joegoslavië was 3.547,3 kcal/hoofd/dag in the 1970s, stond op de 1e plaats in de wereld, and was on a par with Polen (3.521,7 kcal/hoofd/dag). De consumptie van kcal in Joegoslavië was groter dan in de wereld (2.403,2 kcal/hoofd/dag), en was groter dan in Europa (3.283,8 kcal/hoofd/dag). De structuur van de consumptie: granen (48.9%), suiker (9.3%), plantaardige oliën (6.8%), melk (6.5%), vlees (5.4%), en anderen (23.1%).

De consumptie van eiwitten in Joegoslavië was 101,2 g/hoofd/dag in the 1970s, stond op de 11e plaats in de wereld, and was on a par with Argentinië (101,9 g/hoofd/dag), Italië (100,6 g/hoofd/dag), Nieuw-Zeeland (102,2 g/hoofd/dag). De consumptie van eiwitten in Joegoslavië was groter dan in de wereld (65,0 g/hoofd/dag), en was groter dan in Europa (98,6 g/hoofd/dag). De structuur van de consumptie: granen (53.3%), vlees (15.5%), melk (12.8%), peulvruchten (4.7%), groenten (3%), en anderen (10.7%).

De consumptie van vet in Joegoslavië was 96,3 g/hoofd/dag in the 1970s, stond op de 31e plaats in de wereld, and was on a par with Vanuatu (95,6 g/hoofd/dag), Hongkong (97,2 g/hoofd/dag). De consumptie van vet in Joegoslavië was groter dan in de wereld (55,1 g/hoofd/dag), en was minder dan in Europa (109,6 g/hoofd/dag). De structuur van de consumptie: plantaardige oliën (28.2%), melk (15.1%), vlees (14.5%), granen (7%), eieren (2.3%), en anderen (32.9%).

Dit zijn de niveaus van voedselconsumptie op de wereldranglijst: 3e - granen (229,7 kg/hoofd/jr), 29e - groenten (97,5 kg/hoofd/jr), 30e - alcoholische dranken (71,6 kg/hoofd/jr), 31e - noten (2,0 kg/hoofd/jr), 32e - melk (150,5 kg/hoofd/jr), 34e - vlees (53,4 kg/hoofd/jr), 35e - plantaardige oliën (9,9 kg/hoofd/jr), 36e - eieren (8,1 kg/hoofd/jr), 37e - peulvruchten (8,2 kg/hoofd/jr), 41e - stimulerende middelen (2,9 kg/hoofd/jr), 49e - specerijen (0,50 kg/hoofd/jr), 58e - suiker (34,1 kg/hoofd/jr), 59e - zetmeelrijke wortels (65,0 kg/hoofd/jr), 68e - fruit (62,1 kg/hoofd/jr), 121e - vis (3,2 kg/hoofd/jr).

de jaren 1980

De consumptie van kcal in Joegoslavië was 3.655,0 kcal/hoofd/dag in the 1980s, stond op de 1e plaats in de wereld, and was on a par with Bulgarije (3.635,8 kcal/hoofd/dag). De consumptie van kcal in Joegoslavië was groter dan in de wereld (2.572,3 kcal/hoofd/dag), en was groter dan in Europa (3.346,9 kcal/hoofd/dag). De structuur van de consumptie: granen (45.7%), suiker (10.4%), plantaardige oliën (8.6%), melk (7.1%), vlees (6.6%), en anderen (21.6%).

De consumptie van eiwitten in Joegoslavië was 103,9 g/hoofd/dag in the 1980s, stond op de 14e plaats in de wereld, and was on a par with Oost-Europa (104,0 g/hoofd/dag), Hongarije (104,0 g/hoofd/dag), Polen (103,7 g/hoofd/dag). De consumptie van eiwitten in Joegoslavië was groter dan in de wereld (69,1 g/hoofd/dag), en was groter dan in Europa (102,3 g/hoofd/dag). De structuur van de consumptie: granen (50.1%), vlees (19.1%), melk (13.9%), peulvruchten (3.5%), groenten (2.8%), en anderen (10.6%).

De consumptie van vet in Joegoslavië was 110,9 g/hoofd/dag in the 1980s, stond op de 28e plaats in de wereld. De consumptie van vet in Joegoslavië was groter dan in de wereld (63,2 g/hoofd/dag), en was minder dan in Europa (119,5 g/hoofd/dag). De structuur van de consumptie: plantaardige oliën (32%), vlees (15.7%), melk (14.7%), granen (5.8%), eieren (2.3%), en anderen (29.5%).

Dit zijn de niveaus van voedselconsumptie op de wereldranglijst: 5e - granen (221,5 kg/hoofd/jr), 27e - alcoholische dranken (79,9 kg/hoofd/jr), 30e - melk (170,3 kg/hoofd/jr), 32e - noten (1,9 kg/hoofd/jr), 39e - eieren (9,3 kg/hoofd/jr), 41e - suiker (39,3 kg/hoofd/jr), 54e - stimulerende middelen (2,5 kg/hoofd/jr), 56e - peulvruchten (6,2 kg/hoofd/jr), 69e - zetmeelrijke wortels (54,7 kg/hoofd/jr), 75e - specerijen (0,37 kg/hoofd/jr), 84e - fruit (55,3 kg/hoofd/jr), 117e - vis (3,8 kg/hoofd/jr).

Part V. Reproductie

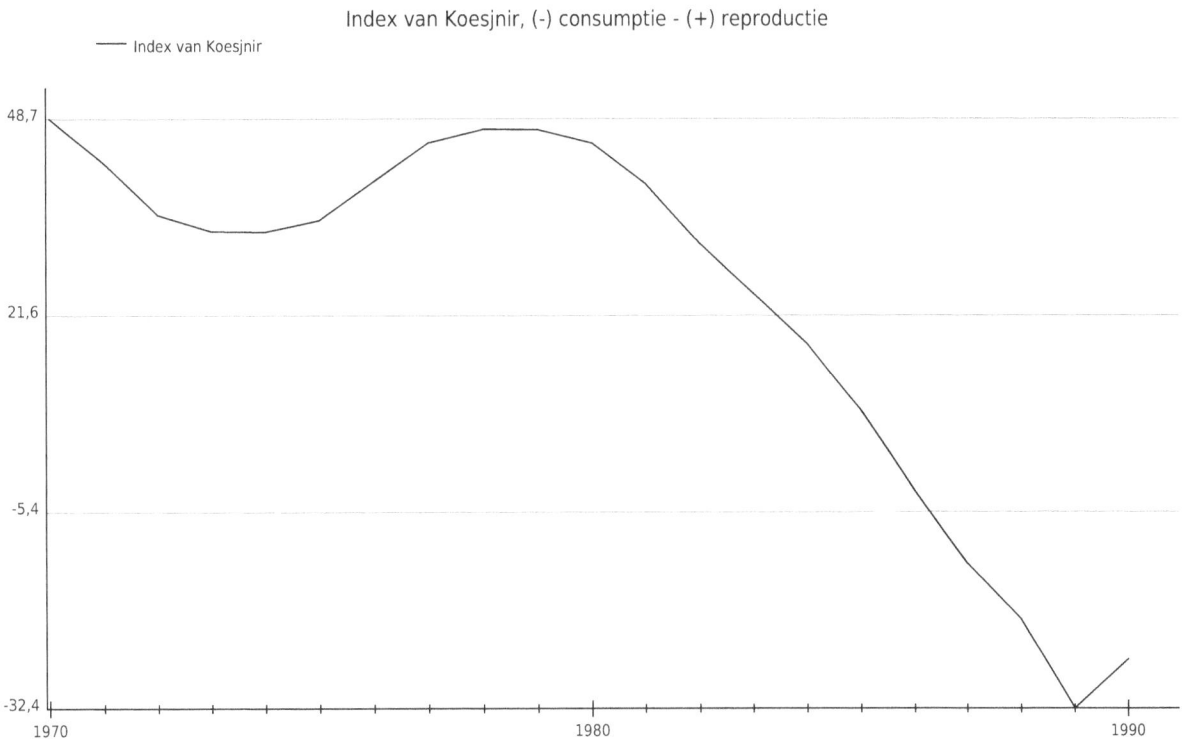

Index van Koesjnir, (-) consumptie - (+) reproductie

Hoofdstuk XV. Bruto-investeringen in vaste activa

De investeringen in vaste activa van Joegoslavië steeg van US$10,4 miljard per jaar in de jaren 1970 tot US$15,7 miljard per jaar in de jaren 1980, dat wil zeggen met US$5,4 miljard of 51,7%. De verandering vond plaats op US$4,8 miljard als gevolg van een 1,4-voudige stijging van de prijzen, en ook op -US$335,9 miljoen als gevolg van een 1,0-voudige afname van het tarief per hoofd , evenals op US$873,0 miljoen als gevolg van de toename van de bevolking. De gemiddelde jaarlijkse groei van de investeringen in vaste activa is -0,65%. De minimumwaarde van de investeringen in vaste activa bedroeg US$4,1 miljard in 1970. De maximumwaarde van de investeringen in vaste activa bedroeg US$23,6 miljard in 1979.

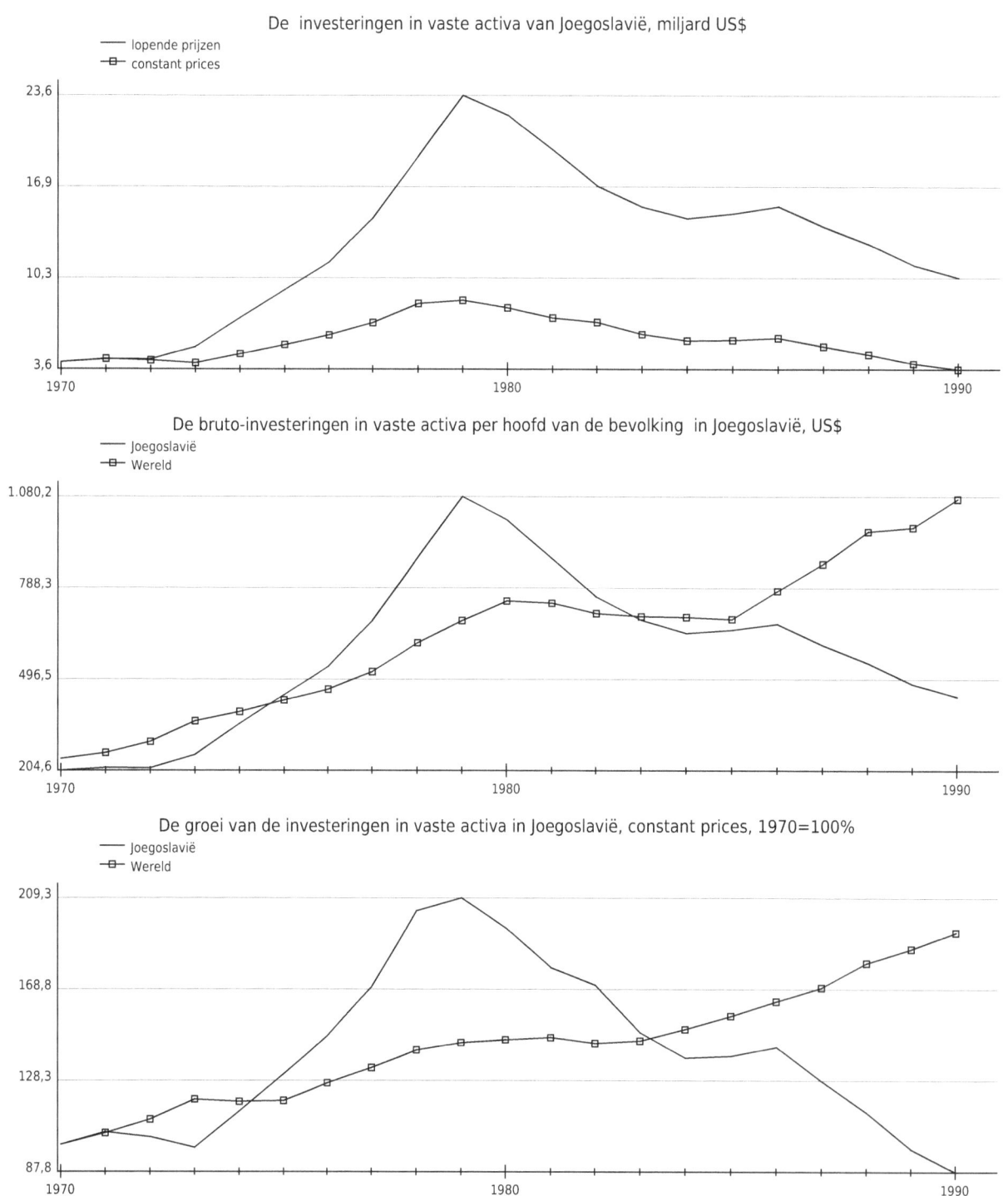

De investeringen in vaste activa van Joegoslavië, miljard US$

De bruto-investeringen in vaste activa per hoofd van de bevolking in Joegoslavië, US$

De groei van de investeringen in vaste activa in Joegoslavië, constant prices, 1970=100%

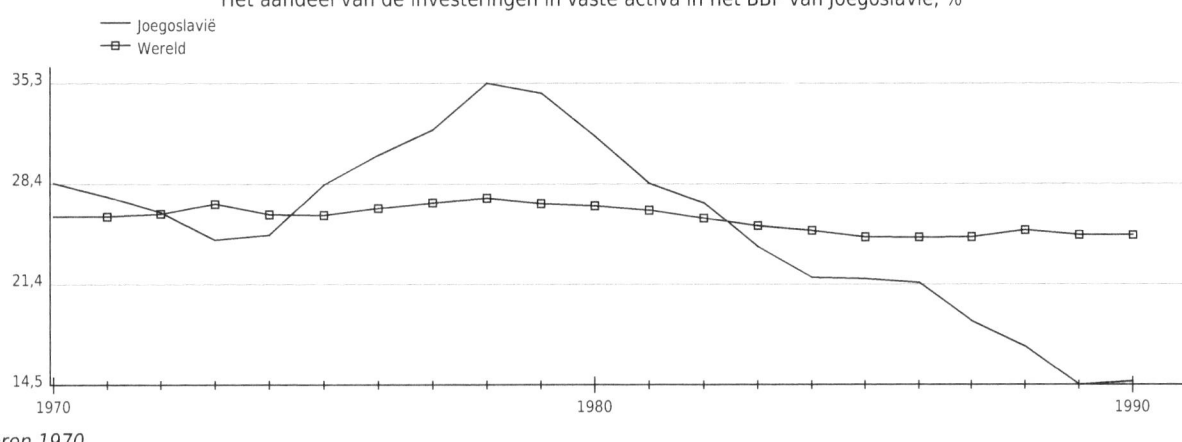

Het aandeel van de investeringen in vaste activa in het BBP van Joegoslavië, %

de jaren 1970

De investeringen in vaste activa van Joegoslavië bedroeg in de jaren 1970 US$10,4 miljard per jaar, stond op de 26e plaats in de wereld, en was vergelijkbaar met Saoedi-Arabië (US$10,1 miljard), Polen (US$10,6 miljard). Het aandeel in de wereld was 0,59%, en 1,4% in Europa.

Het aandeel van de investeringen in vaste activa in het BBP van Joegoslavië was 30,8% in de jaren 1970, stond op de 34e plaats in de wereld, en was vergelijkbaar met Griekenland (30,6%).

De bruto-investeringen in vaste activa per hoofd in Joegoslavië was $493,7 in de jaren 1970s, stond op de 55e plaats in de wereld. De bruto-investeringen in vaste activa per hoofd in Joegoslavië was 13,9% hoger dan de investeringen in vaste activa per hoofd van de bevolking in de wereld ($433,5), en was in 2,1 keer lager dan de investeringen in vaste activa per hoofd van de bevolking in Europa ($433,5).

De groei van de investeringen in vaste activa in Joegoslavië bedroeg 8.6% in de jaren 1970, stond op de 55e plaats in de wereld, en was vergelijkbaar met West-Afrika (8,5%), Saint Lucia (8,5%), Afghanistan (8,6%). De groei van de investeringen in vaste activa in Joegoslavië (8,6%) was groter dan de groei van de investeringen in vaste activa in de wereld (4,2%), was groter dan de groei van de investeringen in vaste activa in Europa (2,4%).

Vergelijking met buren. De bruto-investeringen in vaste activa van Joegoslavië was groter dan in Griekenland (US$8,8 miljard), in Roemenië (US$7,0 miljard), in Hongarije (US$5,0 miljard), in Bulgarije (US$3,1 miljard) en in Albanië (US$855,6 miljoen); maar minder dan in Italië (US$54,6 miljard) en in Oostenrijk (US$11,0 miljard). De bruto-investeringen in vaste activa per hoofd in Joegoslavië was groter dan in Hongarije (US$475,8), in Albanië (US$358,5), in Bulgarije (US$356,4) en in Roemenië (US$323,1); maar minder dan in Oostenrijk (US$1.441,3), in Italië (US$993,3) en in Griekenland (US$971,6). De groei van de investeringen in vaste activa in Joegoslavië was groter dan in Bulgarije (6,7%), in Hongarije (5,7%), in Griekenland (4,9%), in Albanië (4,2%), in Oostenrijk (3,9%) en in Italië (2,2%); maar minder dan in Roemenië (13,6%).

Vergelijking met leiders. De bruto-investeringen in vaste activa van Joegoslavië was minder dan in de Verenigde Staten (US$381,9 miljard), in de Sovjet-Unie (US$214,6 miljard), in Japan (US$191,6 miljard), in Duitsland (US$125,8 miljard) en in Frankrijk (US$82,9 miljard). De investeringen in vaste activa per hoofd in Joegoslavië was minder dan in de Verenigde Staten (US$1.750,0), in Japan (US$1.720,7), in Duitsland (US$1.597,2), in Frankrijk (US$1.545,4) en in de Sovjet-Unie (US$850,9). De groei van de investeringen in vaste activa in Joegoslavië was groter dan in de Verenigde Staten (4,4%), in Japan (3,9%), in de Sovjet-Unie (3,2%), in Frankrijk (2,7%) en in Duitsland (1,5%).

de jaren 1980

De investeringen in vaste activa van Joegoslavië bedroeg in de jaren 1980 US$15,7 miljard per jaar, stond op de 33e plaats in de wereld, en was vergelijkbaar met Roemenië (US$15,5 miljard). Het aandeel in de wereld was 0,41%, en 1,2% in Europa.

Het aandeel van de investeringen in vaste activa in het BBP van Joegoslavië was 22,5% in de jaren 1980, stond op de 87e plaats in de wereld, en was vergelijkbaar met Saoedi-Arabië (22,5%), de Nederland (22,5%), het Verenigd Koninkrijk (22,5%).

De investeringen in vaste activa per hoofd in Joegoslavië was $691,0 in de jaren 1980s, stond op de 69e plaats in de wereld, en was vergelijkbaar met Congo-Brazzaville (US$690,0). De investeringen in vaste activa per hoofd in Joegoslavië was 12,6% lager dan de investeringen in vaste activa per hoofd van de bevolking in de wereld ($790,9), en was in 2,5 keer lager dan de investeringen in vaste activa per hoofd van de bevolking in Europa ($790,9).

De groei van de investeringen in vaste activa in Joegoslavië bedroeg -7.3% in de jaren 1980, stond op de 178e plaats in de wereld, en was vergelijkbaar met Libië (-7,3%). De groei van de investeringen in vaste activa in Joegoslavië (-7,3%) was minder dan de groei van de investeringen in vaste activa in de wereld (2,5%), was minder dan de groei van de investeringen in vaste activa in Europa (2,2%).

Vergelijking met buren. De bruto-investeringen in vaste activa van Joegoslavië was 1,3% groter dan in Roemenië (US$15,5 miljard), 7,1% groter dan in Griekenland (US$14,7 miljard), 96,9% groter dan in Hongarije (US$8,0 miljard), 3,6 keer groter dan in Bulgarije (US$4,4 miljard) en 19,4 keer groter dan in Albanië (US$810,7 miljoen); maar 8,6 keer minder dan in Italië (US$135,7 miljard) en 31,5% minder dan in Oostenrijk (US$23,0 miljard). De investeringen in vaste activa per hoofd in Joegoslavië was 2,5% groter dan in Roemenië (US$674,1), 40,8% groter dan in Bulgarije (US$490,9) en 2,5 keer groter dan in Albanië (US$274,3); maar 4,4 keer minder dan in Oostenrijk (US$3,0 duizend), 3,5 keer minder dan in Italië (US$2,4 duizend), 2,1 keer minder dan in Griekenland (US$1.480,5) en 8,5% minder dan in Hongarije (US$754,8). De groei van de investeringen in vaste activa in Joegoslavië was minder dan in Bulgarije (5,2%), in Albanië (2,5%), in Italië (2,4%), in Oostenrijk (1,7%), in Roemenië (0,041%), in Hongarije (-0,94%) en in Griekenland (-3,0%).

Vergelijking met leiders. De investeringen in vaste activa van Joegoslavië was 60,9 keer minder dan in de Verenigde Staten (US$958,4 miljard), 36,3 keer minder dan in Japan (US$571,7 miljard), 17,2 keer minder dan in de Sovjet-Unie (US$271,0 miljard), 15,1 keer minder dan in Duitsland (US$238,1 miljard) en 10,4 keer minder dan in Frankrijk (US$164,3 miljard). De investeringen in vaste activa per hoofd in Joegoslavië was 6,8 keer minder dan in Japan (US$4,7 duizend), 5,8 keer minder dan in de Verenigde Staten (US$4,0 duizend), 4,4 keer minder dan in Duitsland (US$3,1 duizend), 4,2 keer minder dan in Frankrijk (US$2,9 duizend) en 29,8% minder dan in de Sovjet-Unie (US$984,8). De groei van de investeringen in vaste activa in Joegoslavië was minder dan in Japan (4,8%), in de Verenigde Staten (3,1%), in Frankrijk (2,4%), in de Sovjet-Unie (1,7%) en in Duitsland (1,4%).